# CREDIT CARD EMPIRE
信用帝国
亲历记

张川/著

刷卡

2011·北京

商务印书馆
The Commercial Press

图书在版编目(CIP)数据

刷卡——信用帝国亲历记/张川著.—北京:商务印书馆,2011
ISBN 978-7-100-07388-2

Ⅰ.刷… Ⅱ.①张… Ⅲ.①信用卡－银行业务－经济管理－美国 Ⅳ.①F837.122

中国版本图书馆 CIP 数据核字(2010)第 185533 号

所有权利保留。
未经许可,不得以任何方式使用。

刷 卡
——信用帝国亲历记
张川 著

商 务 印 书 馆 出 版
(北京王府井大街36号 邮政编码100710)
商 务 印 书 馆 发 行
北京中科印刷有限公司印刷
ISBN 978-7-100-07388-2

2011年5月第1版　　开本 880×1230　1/32
2011年5月北京第1次印刷　印张6　插页1
定价:29.00元

本书涉及的信用卡和其他方面的金融知识，完全真实，来自作者的亲身工作经验和研究成果；本书涉及的人物和故事，全部虚构，如有雷同，纯属巧合。

目录

引子 二十一世纪经济危机下的金融帝国
无处不"债"的信用卡 ················· 001

第一章 万能的天使,还是诱人犯罪的魔鬼?
近乎万能的信用卡带来的问题 ············ 007

第二章 六十年历史,十五亿张信用卡
信用卡的历史和发展 ·················· 017

第三章 全球通用,十秒之内完成交易
使用信用卡的基本知识 ················ 031

第四章 世上有免费的午餐?
信用卡的各种附加优惠 ················ 047

第五章 出来混,还是要还的
信用卡的利息成本,信用卡债务拖欠及后果 ······ 055

第六章 资本主义制度下的档案制度
个人信用征信记录和信用分数 ············ 071

第七章 从手工压单到 POS 机刷卡
信用卡网络和信用卡公司的盈利模式……………………083

第八章 骗你没商量
信用卡公司和用户承受信用欺诈风险……………………095

第九章 形形色色，数量众多
不同种类的信用卡公司和信用卡……………………………113

第十章 五十四亿份信用卡促销信
残酷的银行竞争和兼并………………………………………131

第十一章 大厦将倾，还是百足之虫？
美国的信用卡危机和奥巴马的"新"新政…………………151

第十二章 国内的故事
躁动和阵痛中飞速发展的信用卡行业 ……………………167

后记 ……………………………………………………………193

引子

二十一世纪经济危机下的金融帝国
无处不"债"的信用卡

王蜀南站在芝加哥奥海尔机场国际航班 A 号到达处的等候线外面，手里拿着一张 A4 号打印纸，上面用蓝色圆珠笔写着一个名字：李小炜。从北京飞来的美国联合航空公司850次航班的旅客正在出港。A 号到达处的海关出口，熙熙攘攘地走出来推着大包小包的中美旅客。相比之下，五号国际航站楼另一侧的 B 号到达处，从伦敦到芝加哥的英国航空公司295次航班则显得冷冷清清。处在经济危机中的美国，很多航班因为旅客稀少被取消了，而飞中美航线的航班却几乎总是满员。面临全面亏损的美国各大航空公司，大概只有在中美航线上才可以盈利。

A 号到达处的等候线外面，拥挤着前来接机的各种肤色的人群。有像王蜀南一样的华裔，多半是拖家带口地接国内来探亲的父母和亲戚的。王蜀南右边这对中国夫妇抱着小孩，伸着头往海关出口张望："出来了！出来了！小宝，看见奶奶了吧？"有举着跨国公司标牌的美国公司接待人员。王蜀南左边就有一位摩托罗拉的金发女职员，拿一个"Motorola China Conference"（摩托罗拉中国区会议）的大牌子，热情地招呼着自己公司来自中国的员工。还有穿着制服的豪华车专职司机。王蜀南前面就有位西装笔挺的白人老先生，不苟言笑地把带有 Ritz-Carlton（丽思卡尔顿酒店）水印的铜版纸拿在胸前，上面赫然用黑色中文宋体字印着：赵处长。王蜀南暗想：现在从国内来美国的人真是越来越牛了。我们刚来美国的时候，连 Ritz-Carlton 是个五星级酒店都不知道。

王蜀南对奥海尔国际机场很熟悉。十四年前，他就是在这里踏入美国的。当年怀揣五百美金的王蜀南推着装有自己全部家当——两个大纸箱——的行李车，走出海关，看着这个当时还是世界上最繁忙的机场，有点头晕。美国联航的一位大妈级黑人地勤人员热情地帮他办好行李转运，又指点他到一号航站楼转机到威斯康星州麦迪逊市。王蜀南当时还闹了个笑话。黑大妈操着南方乡音的英语告诉王蜀南："Sir, please take train to Terminal One for your connection flight."（先生，你得先坐机场小火车到一号航站楼转机。）王蜀南当时就懵了，新东方俞老师三个月调教出来的托福627分英语马上露了馅，一着急语法时态都混乱了："I buy plane ticket, why do you tell me to take train？"（我买的是飞机票啊，你怎么叫我去坐火车？）这么一闹，差点误了转机。万幸的是，奥海尔机场以航班晚点而著称，而"911"以前的美国机场安检，基本上是走过场。王蜀南到麦迪逊的航班正好晚点，刚好让他及时赶到登机口。"那时候觉得这个机场大得不得了。"奥运期间,王蜀南回了一次北京,在北京首都机场三号航站楼几乎跑断了腿,回到芝加哥以后才发现,奥海尔机场好像缩小了。"过了十几年,这个机场几乎一点没有变,一切都和以前一模一样。"王蜀南想:"不知道是美国发展太慢,还是美国人的维护工作做得太好了。"

"您是王叔叔吧?"一个声音把王蜀南拉回到了2009年。面前站着一个衣着光鲜、样貌精神的小伙子。"啊,是小炜吧?一路上还顺利吧?"王蜀南赶忙答应。"你行李都在哪里?""都在这儿了。"王蜀南一看,小伙子就拉一个土黄色带LV符号的小拉杆箱。"我爸说美国东西都挺便宜的,叫我在这边买生活用品。""也对,这样省事。咱们这边走。"这个李小炜,是王蜀南大学时代铁哥们李博恪的侄儿。小炜家境非常殷实,高中毕业就来美国西北大学读本科。小伙子闯劲很足,不让父母送,非要一个人飞过来。这样,王蜀南就义不容辞地成了美国接待方。王蜀南带着李小炜出了航站楼,上了汽车,开车排队等着出停车场收费站。"这机场怎么这么旧啊?"李小炜问道。"可不是吗,这个机场六十年代就建成了,一直到前几年还都是美国最繁忙的机场。不过美国人的维护工作做得挺好,你看,机场的设施都还不错。"正说着,汽车"咣"地一声开过路上的一个大坑。"嘿嘿,"王蜀南苦笑一声,"芝加哥冬天路上又是铲雪,又是撒盐化冰,好好的路都给搞坏了。自经济危机以来,美国的各级政府都入不敷出。这不,连路也没有人修了。""就是,我一路上看着美国的机场真破。美国政府每年借几千亿美元国债,不知道都干什么去了?"李小炜好像对美国的经济很了解。

正说着，车开到了停车场出口。"十六美元。"操着西班牙口音英语的墨西哥裔收费员说。王蜀南费劲地去掏钱包，李小炜递过来一张信用卡："王叔叔，刷我的卡吧。这是万事达卡，在美国可以通用的。"王蜀南赶忙说："不用，不用。"连忙掏出一张钞票递给收费员，一边有点惊讶地问："你都有信用卡了？""我爸给我办的，是招行的万事达白金卡。我上个月在香港和曼谷都用过，全球通用的。""你们现在真是比我们来美国的时候强多了。"王蜀南不禁感叹。

十三年前，也是在八月，王蜀南经过三次转机，共二十几个小时的旅程，终于到达了威斯康星州的大学城麦迪逊。来接机的是系里的中国师兄。师兄开一辆十二年"新"的本田雅阁，虽然引擎的声音震耳欲聋，却也让王蜀南敬佩万分：才来美国两年，就买了车。当师兄出停车场付钱时，递上一张小塑料卡片，说了一句"Credit"（信用卡），王蜀南越发觉得自己是个乡巴佬了。在路上，王蜀南攒足勇气，问刚刚才见面的师兄："你刚才付钱用的是什么东西啊？""哦，那个是信用卡，维萨卡，全球通用的。"

十三年后的今天，来接机的王蜀南觉得自己还是个乡巴佬：来美国之前，只从报纸上读到过中国银行有个长城卡，工商银行有个牡丹卡。而现在国内不到二十岁的年轻人，都有白金卡了。现在国内出来的年轻人，信心都很足。不过这也不奇怪。这次美国碰上五十年一遇的经济危机，道琼斯指数从一万四千点掉到六七千点，房地产市场跌得一塌糊涂，一个又一个百年招牌的银行和公司轰然倒下，就业市场里每十个人就有一个没有了工作。再看看国内，光是每年百分之七八的保底增长率就让美国人羡慕万分了。

"我叔叔说您是做信用卡的,您对国内的信用卡应该很了解啊。现在我的同学、朋友什么的都有信用卡。您知道,刷卡挺方便的,我们逛街、吃饭、网上购物什么的,都刷卡。而且白金卡还有打折优惠。"李小炜挺健谈,有点他叔叔的样子。谈到老本行,王蜀南就很顺溜了:"看来国内很快就要赶上美国的步伐了。在美国,信用卡是人手七八张,基本上每个商店都收信用卡。不过在美国,信用卡也是问题一大堆。很多人刷卡太多,欠一屁股债。奥巴马前一阵才推出了一个新法律,来保护信用卡用户。"

美国的信用卡的确是个很大的社会和经济问题。美国有一亿四千四百万消费者拥有信用卡,平均每人八张卡。由于信用卡泛滥,很多人过度消费,超过了自己的偿还能力。目前美国的信用卡债务总额已经超过9 700亿美元,平均每个信用卡用户家庭欠信用卡债务多达一万多美元。信用卡的欠费和利息已经是很多美国人的沉重负担,而信用卡坏账损失也几乎成为美国仅次于房贷的另一个经济问题。2008年奥巴马竞选总统的时候,就把信用卡作为一个竞选议题。现在,奥巴马总统正轰轰烈烈地推动这方面的改革。

李小炜说:"是吗?我知道好几个朋友在国内就是乱刷卡,结果被银行追债呢。银行追债的电话都说得挺难听,其实他们才拿到卡几个月,根本还没有什么信用卡的概念,结果就给套上了。"王蜀南想,中国的发展确实快,就这么几年,信用卡就快普及了。美国信用卡行业市场五六十年的发展,中国大概五六年就能够完成。中国消费者对信用卡的接受速度真是非常之快。不过,美国信用卡的问题,诸如过度信贷消费、坏账、欠款这些问题，好像在中国也有了苗头。美国人使用信用卡已经有了五六十年的历史，尚且有很多人因为不了解它而陷入债务陷阱；而在中国，信用卡还是个新鲜事物，如果不了解就盲目地使用，对消费者和银行来说，要交的学费恐怕会有很多。

"对啊，信用卡这个东西，其实并不复杂。不过对它的一些基本原理全然没有概念，就开始猛刷卡，是会出麻烦的。我在美国的信用卡行业干了十几年，要是有机会，我倒是可以给你的朋友们讲一讲信用卡是怎么回事，该怎么样去使用它，而不是被它利用。"

第一章

万能的天使,还是诱人犯罪的魔鬼?
近乎万能的信用卡带来的问题

"万事皆可达,唯有情无价"
——万事达卡广告词

"杀人偿命,欠债还钱"
—— 中国老百姓的经验

国际广告业有这样一则经典案例:一个电视广告创意,在从1997年到现在的十二年间,已经用四十八种语言在全球一百零五个国家播放。直到如今,这个广告还在电视、广播、报纸、印刷品、互联网、户外广告牌等各种平台上,不断地推出新的版本。1997年这则广告在美国首次播出的内容是这样的:一位步入中年已见谢顶的父亲,带着他十一岁的儿子去看美国热门的体育赛事——职业棒球赛。在入场的熙熙攘攘的人群里,在比赛的一阵阵喧嚣中,在父亲指点着赛场,向儿子解释赛事时的亲切音颜中和男孩子捧着汽水、玉米花露出的笑容里,旁白和字幕娓娓道出下面的内容:

"球票两张:29美元……"

"热狗两个、玉米花两盒、汽水两杯:18美元……"

"明星签名的棒球:45美元……"

"与11岁儿子真情交流：无价……"

"在世上有些东西是金钱买不到的，而其他的一切，万事达卡可以代劳。"这个由美国麦肯广告公司策划的"无价"系列万事达卡广告，取得了巨大的成功。全球第二大信用卡支付组织——万事达卡通过这个广告，成功地塑造了和消费者情感温馨相连的品牌形象。当万事达卡在中国大陆推出中文版"无价"系列广告时，这个广告词的翻译，又几乎成为一个"信、达、雅"的经典。中文版万事达卡广告讲述了一对中国情侣在西欧各国旅游的场景：

"在威尼斯预订水上游：180欧元……"

"在伦敦购买高级时装：125英镑……"

"在慕尼黑为乐队买啤酒：30欧元……"

"亲身体验世界无界限：无价……"

"万事皆可达，唯有情无价。"

万事达卡广告的温情，让人们体会到信用卡带来的便利和对消费者价值观念的肯定。在现代社会，维萨信用卡和万事达信用卡几乎可以在世界各国的每一个角落通行。世界第一大信用卡网络维萨卡拥有17亿张信用卡发行量，在两百多个国家和地区拥有280 000万联网商家和140万联网ATM机。世界第二大信用卡网络万事达卡也拥有9.8亿张信用卡发行量和2 800万联网商家。在北美和西欧，几乎每一个消费场所都可以使用信用卡。

十三年前，当王蜀南踏上美国土地的时候，就感受到了信用卡的无处不在。从机场行李车自动收费，到机场停车付款；从学生宿舍租约付款合同，到每一个商店的门口，王蜀南处处看见这么几个符号：

美国通行的四种信用卡的商标

　　这就是美国通行的四种信用卡的商标：维萨卡（VISA）、万事达卡（MasterCard）、发现卡（Dicover Card）和运通卡（American Express）。人们只要看到商店里有这几个商标，就可以使用信用卡，而不必现金交易。当年王蜀南和女朋友在伊利诺伊州库克郡政府登记结婚时，用信用卡缴纳了40美元的结婚证费。王蜀南的大儿子在芝加哥西北大学医学院附属医院出生的时候，也是用信用卡结账出院的。王蜀南儿子出生后，每个月的托儿所收费，都自动从信用卡上缴纳。王蜀南家交电费、煤气费、水费、垃圾费、物管费、排污费，订杂志、报纸，在超市买菜，出去下馆子，都是用信用卡支付的。在美国，从摇篮到坟墓，几乎每天都和信用卡打交道。

　　美国人常常说，人生有两件事是无法避免的：死亡和缴税。美国国税局（IRS）是美国众多官僚机构中唯一一个孜孜不倦、锲而不舍地履行职能的高效率政府机构。美国公民的收入，无论是在美国国内的还是在海外的，无论是工资收入还是失业保险金，也无论是赌博收入还是贩毒收入，山姆大叔都要依法征收所得税。[1] 而这无法避免的两件事，现在居然都可以用信用卡来结

---

[1] 美国政府对非法收入征税的条款，详见美国国税局1040号税表说明书第21行（IRS 1040 Instruction, Line 21）；"非法活动的收入，例如非法毒品交易的收入，必须在1040税表第21行如实申报"（Illegal activities, Income from illegal activities, such as money from dealing illegal drugs, must be included in your income on Form 1040, line 21）；http://www.irs.gov/publications/p17/ch12.html。

账：国税局1040号税表说明书第75条详细地解说了如何用四种不同的信用卡支付税金。在一次葬礼上，王蜀南发现相同的四个信用卡商标也被贴在了殡仪馆玻璃大门的一个不太引人注意的角落上。

因为信用卡通行，在美国大额现金的携带和交易机会很少。除了警匪片里的毒枭们拎着装满现金的皮箱满世界跑以外，普通人只会随身带一两张信用卡和一点儿零钞。王蜀南的钱包也不例外，只有驾驶执照、ATM卡、两张信用卡和一些零钞。在国内的时候，王蜀南还是个穷学生，很少为携带成沓的人民币担心。但在出国留学前的几个月，王蜀南却为此伤透了脑筋。过完春节，大学四年级学生王蜀南从四川老家回北京，怀揣着老爹老妈全部存款的一半——两万元人民币，坐在成都到北京的7次特快列车的硬座上，二十九小时没敢合眼。王蜀南不仅需要随时警醒提防小偷，两百张硬邦邦的钞票缝在内衣里摩擦着肤肌，也不能让人入眠。那种感觉，王蜀南多年以后还记得：

"交大学培养费：10 000元人民币……"

"到美国的单程机票：8 000元人民币……"

"购买带到美国的锅碗瓢盆和四季衣物：2 000元人民币……"

"爹娘的含辛茹苦：无价……"

在信用卡日渐普及的今日，大概很少有人能够体会王蜀南当年怀揣"巨款"的窘迫和凄然。

信用卡不仅带来现金使用上的便利，也具有临时融资功能：用户可以先使用信用额度进行消费，在信用账单周期到达后再付款。一般信用卡都会提供一个二十天到一个月的信用付款的免费宽限期，如果用户每月在免费宽限期内付清账面余额，就不必支付利息。这样，从刷卡消费到支付信用卡账单，信用卡用户可以得到高达五十天的免费融资。王蜀南在美国读研究生的时候就常常靠信用卡进行周转：每月一号发工资先存进银行，每个月的柴米油盐都刷卡购买，下月初再付清信用卡账面余额，这样就可以多得到一些利息。几块美元的利息实在不多，但对于花钱小气的留学生王蜀南来说，它带来的心理愉悦也不算小。

与现金和其他支付方式相比，信用卡的保护功能很强。维萨卡、万事达卡和其他主要几种信用卡都规定，如果个人信用卡丢失被盗，或被他人冒名使用，信用卡用户没有任何经济和法律的责任。一些金卡和白金卡还具有很多的保险功能，比如使用美国万事达白金卡购买飞机票可以免费获得50万 – 100万美元的飞机失事保险；使用白金卡租车能够免费获得车辆碰撞和被盗保险；使用美国运通蓝色卡购物，可以自动延长产品保修期一倍。每次跟人聊起这些，王蜀南都忘不了讲他在旧金山出车祸的那段奇遇，说他如何靠一张花旗银行万事达白金卡，赔付一辆被自己撞得面目全非的租来的汽车。

如今的北美信用卡市场竞争激烈，信用卡公司不得不一再推出新的优惠。1986年成立的美国发现卡，发明了给信用卡用户以现金回扣，消费者使用发现卡每消费100美元，可得到高达两美元的现金回扣。大通银行（Chase）和壳牌石油公司（Shell）联合发行的万事达卡，在壳牌公司加油站加油可以享受3%的回扣。花旗银行和美国联合航空公司联合发行的运通卡，每一美元消费可以兑现一英里联合航空里程。

信用卡的便利，信用卡免费宽限期优惠，信用卡的保险功能，以及各种各样的其他优惠条件，虽然来路不一，却都为了一个共同目的：促进刷卡消费。这种先消费、再付款的便利购物方式，极大地促进了商业的发展。尤其是上世纪九十年代以来，电子商务兴起，信用卡的广泛使用对美国在线购物的普及，起到了决定性的作用（当时发明支付宝PAYPAL的天才们，还在中学里为青春痘发愁呢）。在中国大陆，直到如今，安全可靠的在线购物和消费支付手段还有待于发展，这给在线消费的快速增长带来了一定的限制。

　　信用卡在美国社会里无处不在，又大有能力，还免费提供种种优惠和便利，让人不禁想起耶和华宝座前美丽大能的天使长加百列。不过，美国好些正统的基督教会对信用卡却避之如蝎蛇。"酗酒、吸毒、淫乱和疯狂刷卡这些行为看似愚蠢，其实是魔鬼阻隔上帝和我们的屏障。"一位牧师在电视布道中这样声称。在一些保守的基督教徒眼里，信用卡甚至和魔鬼画上了等号。美国弗吉尼亚州的一家教会——迦密山浸信教会，对付信用卡债务的创新举措，更引起了主流媒体的关注。"在赞美诗和圣乐中，迦密山浸信教会的'免债重生仪式'开始了。"美国广播公司（ABC）这样报道："罗素主教郑重地念出了这次被'拯救'的教友名字：麦克劳伦夫妇。这对年轻的夫妇几年来因为过度刷卡，欠了信用卡公司19 000美元的债务。在圣乐中，教会会众排起了长队开始为这对夫妇捐款，教会的执事们则忙碌地统计数额。忽然，执事宣布：'重担被上帝解除了！'麦克劳伦夫妇当场被赠予了付清债务的款项支票。作为仪式的一部分，邪恶的信用卡被拦腰剪成两半。截至报道日期，迦密山浸信教会免债重生仪式已经进行了十四个月，筹集了32万美元，每次仪式都有一个教友家庭得到'拯救'。罗素主教声称，再有一年时间，他的教会中的三千会众将全部摆脱信用卡债务负担。"

美国的众圣徒们兴师动众地以上帝的名义向信用卡开战，把乱刷信用卡和酗酒、吸毒、淫乱并列为魔鬼引诱的罪行，足见信用卡对于很多美国人是多么大的一个问题。信用卡消费是把双刃剑，剑锋的一面给消费者带来众多的便利，然而剑锋的另一面却促成了一些消费者的过度消费行为和信用卡债务问题。普通消费者使用现金消费时，往往可以量入为出，因为现金有限，花完了，除非崂山道士那样的高人，普通人的钱包里再变不出钞票来。而信用卡消费的方式却是先消费、后付款，消费者频繁使用信用卡付款，往往并不有意识地计算总消费金额。等到月底信用卡账单到了，才发现不知不觉中居然花了这么多钱。

记得王蜀南第一个月刷卡，就差点刷爆。王蜀南的第一张信用卡是一张只有500美元信用额度的万事达卡，初次刷卡的经历实在让人兴奋和难忘：在华格林药店刷卡，在沃尔玛超市刷卡，在电器连锁店百思买刷卡。兴奋之余，连加法都忘了做，到底花了多少钱自己也不清楚。幸亏师兄有汽车，不然买一大堆东西，一个人还真没法背回来。结果到了月底，信用卡账单居然正好

▲ 王蜀南终于有了自己的第一张信用卡，结果第一个月刷卡差点刷爆。

489美元,差一点就爆了。自认还不是个购物狂的王蜀南,怎么会花这么多钱?月底收到账单王蜀南用笔算了两次,再用计算器算一次,最后不得不承认:刷卡消费时,这里三十那里五十的,一不小心就多花了几百块。以王蜀南当助教的工资,交完了税和房租,一个月也就剩下六百多了。

很多消费者在刷卡的时候,不能抑制自己的购物欲望,信用卡的使用又不受手头现金的限制,以至于刷卡刷到爆的事情屡屡发生。当信用卡用户在信用付款的免费宽限期内不能付清账面余额时,信用卡公司就开始用20%–30%的利率来计算利息了。按照这种利息计算法,信用卡公司每个月会将上月账面余额(本金加上已有利息)进行利息计算。也就是说,是利滚利的利息计算法。消费者一旦进入这样的周期,就会付出巨大的利息支出。很多人由此陷入信用卡债务陷阱中。早在2001年,美国平均每个家庭的信用卡债务就已经高达8 400美元。按照当时通行的18%的利息和信用卡规定的2%的最低付款额,普通消费者需要五十五年的时间才能付清债务。而利息支出将高达24 000美元!

除此之外,信用卡还有很多暗藏的费用。美国法律比较健全,信用卡公司被要求在信用卡合同里注明这些费用。不过,在美国也是上有政策,下有对策。美国的信用卡公司常常欺负美国良民们老眼昏花,把合同条款和重要信息用超小号字体印刷,或者随信附上一个十几页的用五号字体印刷的充斥着法律术语的小册子作为合同,让普通消费者没法搞懂这些暗藏的费用和利息。消费者往往在使用信用卡一年以后才发现,信用卡要收50美元的年费。或者当消费者错过一次还款期以后才发现,信用卡要收取39美元的欠款手续费。

从信用卡公司的广告中,我们看到信用卡无时无刻不在为消费者提供各种免费便利,温馨的客户关系让信用卡看起来如同天使一般可爱。正如诺贝尔经济学奖获得者密尔顿·弗里德曼所说:"世上是没有免费午餐的。"信用卡公司天使般的行为,是为了盈利。各种信用卡优惠和便利的最终目的,都是为了公司的利润。中国老百姓常说:"杀人偿命,欠债还钱。"信用卡的便利和优惠固然诱人,但如果使用不当,陷入信用卡的利息陷阱,这些好处则迟早会连本带利地还回去。信用卡的老祖宗——赊账消费,似乎一点也不浪漫,然而它的孙辈——现代信用卡,却是当代小资高档生活的一部分。现代信用卡的发明,说来也是一个颇具戏剧性的故事。

第二章

六十年历史，十五亿张信用卡
信用卡的历史和发展

> "树小，房新，画不古"
> ——前清老北京形容暴发户的俗语

王蜀南还记得上次在上海和表弟肖喆在衡山路酒吧刷卡的经历。几杯加冰黑标威士忌下肚后，颇具小资情结的肖喆从自己的李维斯牛仔裤里掏出了普拉达牌皮夹，从里面拿出一张万事达白金卡，对上海话有点瘪脚的服务生说："Waiter, check out！"（服务员，结账）这位服务生显然是个"硬盘人"（在新新上海人的口语中，外地人缩写为 WD；WD 正好是硬盘厂家 West Digital 的缩写；因此外地人被授予了信息时代的新称号"硬盘人"），而且这位硬盘人大概还是酒吧里的一个新手，被肖喆的小资英语和刷卡的本帮派头搞得有点局促。望着服务生的背影，在上海住了七年的新新上海人肖喆有点鄙视："乡下人拎勿清，伐晓得拉信用卡。"王蜀南暗想，如今小资的信用卡，和名牌衣服、洋文、绅士做派一样，大概都是身份的标志。

不过对于定居美国远郊的乡下佬信用卡专家王蜀南来说,信用卡和信用额度,不过是个电子化的赊账工具。赊账对于老一辈中国人都不陌生。"我王大爷在烟馆茶馆随便赊账。"年纪超过三十五岁的四川人,大概都能背诵四川方言喜剧《抓壮丁》里面王保长的这句名言。如果你是八零后、九零后,不知道王保长和抓壮丁为何物,你肯定看过张国荣、王祖贤主演的经典鬼片《倩女幽魂》。哥哥张国荣在剧中扮演的主角宁采臣,是个落魄书生,靠替商店催收赊销账目为生。先消费再付款的赊账销售,无论在中国还是西方,都是自古有之。

二十世纪二十年代,就是咸亨酒店剥夺赊账太多的孔乙己先生信用透支权的那个年代,美国的一些石油公司、连锁酒店和百货公司开始给老主顾们发行一种在本公司先消费、后付款的赊销凭证,这可以算是信用卡的一种雏形。不过,当时的信用卡只能在发卡公司使用,所以人们如果要刷卡消费,到不同商店得使用不同的信用卡。如果我们中国的小资到了那年代的美国,肯定非常有派头:从哈特·马克斯牌燕尾服里掏出带24K镀金搭扣的巨型达科达小山羊皮钱夹,从里面拿出一张美孚石油加油卡,又拿出一张梅西百货购物卡,拿出一张希尔顿酒店消费卡,又拿出一张福特汽车服务卡……显然,一般的美国人不具有这种欧洲贵族的底蕴,没有人喜欢这套派头,大家都觉得随身带这么多卡片太麻烦。所以到了1938年,美国的发卡公司之间开始互相接受不同公司发行的信用卡。用美孚石油卡既可以在美孚加油,又可以在梅西百货买东西,还可以在希尔顿住店。不过,那时的信用卡只能在有限的几个公司消费,而且属少数富有的人士专有。要是在上世纪三十年代,你在美国想用信用卡到国税局去报税,或者到殡仪馆办葬礼，联邦调查局肯定会把你当成黑手党派来找茬的。

这样的加油卡、购物卡，还只是信用卡的前身，只能算作记账卡（Charge Card）。它们和借记卡（Debit Card）相比，具有透支的功能，但一般只能提供一个月的赊销垫付款，每个月末都要求顾客付清账面余额。公司们发行这些借记卡的目的，一般是为了促进销售，培养客户忠诚度。这些信用卡不能在众多不同的商家之间通用。那时候的加油卡和购物卡具有很高的收藏价值：卡的形状有徽章式的，有筹码形的，也有卡片型的；使用的材料有金属的，有赛璐珞胶片的，有纤维质料的，也有纸质的。现在美国人把信用卡称作塑料卡，而真正的信用卡的出现，还正好是塑料开始在日常生活中普及的那个时代。

1949年的一个傍晚，纽约帝国大厦在落日的余晖中映着最后一抹金黄，曼哈顿中城已是华灯初上。在帝国大厦阴影下，在颇具盛名的餐馆"少校小屋"烧烤店中，人们开始了一天的夜生活。餐馆的酒吧里，挤满了男男女女，用酒精驱赶一天工作的疲劳。餐馆角落的一张桌子旁，正襟危坐着三位男士，他们和那些纵酒买醉的白领们有些不同，这三位在这里谈生意，谈一件麻烦事。第一位叫麦克纳马拉（Frank X. McNamara），是汉密尔顿信贷公司（the Hamilton Credit Corporation）的老板。第二位是麦克纳马拉的好朋友，叫阿尔佛雷德·布鲁明黛（Alfred Bloomingdale），是布鲁明黛百货公司（Bloomingdale's store）创始人的孙子。地球上的小资都知道，布鲁明黛百货公司是和梅西百货公司齐名的美国高档百货公司。这位阿尔佛雷德，要是搁今天的中国，就是我们今天称之为三世祖或者富三代的富家子弟。

第三位是麦克纳马拉的私人律师。六十年前的美国，诸如星巴克、哈根达斯这样的中国经典小资代码尚未形成。（当然，又努力了六十年，直到现在，美国人自己的成型的小资品味和经典小资代码还是没有形成。）在上世纪四五十年代的美国，虽然该死的亨利·福特已经把私家车从权力地位的象征，变成了人民群众喜闻乐见的普通交通工具，而私人律师好像还一直是个有能力挣钱（或者烧钱）的职业。

这一桌人：一个金融公司老总、一个富三代、一个有钱人的私人律师，一起吃饭，谈一件汉密尔顿信贷公司的麻烦事。大概是因为在谈麻烦事吧，老总和三世祖们，既没有请要人陪酒，也没有到歌舞厅进行工作消费，让我们的读者可能会觉得有些失老总的身份，不太像成功人士。那么，他们在讨论些什么呢？事情是这样的，汉密尔顿信贷公司的一个客户没法偿付亏欠汉密尔顿的贷款。这位客户先生好像颇具生意头脑，他跟我们前面提到的中国小资一样，有一个巨大的皮夹和很多记账卡。不过这些加油卡、购物卡、旅店卡不是用来向邻居彰显身份的，而是用来向穷邻居们借钱的。那还是1949年，和现在的美国一样，有很多穷人。这位先生的穷亲戚、朋友、邻居们常常没有钱给汽车加油，没有钱逛西尔斯百货。于是，这位乐于助人的先生便挺身而出，把自己的美孚加油卡、西尔斯百货购物卡拿给穷亲戚、朋友、邻居们用，说："这笔钱你先花着，等你领了工资，连本金外加百分之五利息还我。"这个商机让助人为乐先生颇有收益，他开始向汉密尔顿信贷公司贷款，用来扩大经营。不过，当他的生意扩展到远亲近邻之外的地方时，出现了好人没好报的事，很多人花了他的记账卡以后，不是人间蒸发，就是当面赖账。这位好人先生只好现学现用，也来了个人间蒸发——对付他的债主汉密尔顿信贷公司。

麦克纳马拉先生和他的朋友们一边吃饭，一边讨论如何利用法律手段，向这位助人为乐先生追讨债务。他们大概赞许好人先生的生意头脑，同时也为他欠债不还并且人间蒸发的行为恼火。享用完了正餐牛排，喝完了杯中的波尔多红酒，吃完了意大利品味的甜点提拉米苏之后，麦克纳马拉先生叫来侍者买单。当他手伸进口袋的时候，发现自己居然没有带钱包，只好低声对侍者解释："对不起，我忘了带钱包，能不能借餐馆的电话一用？"纽约城餐馆跑堂的和我们在《读者文摘》杂志里常见的充满爱心的美国人不属于一个物种，侍者对付吃霸王餐者的镭射强度的目光，让我们的麦克纳马拉先生如芒在脊，匆匆和太太通了一个电话，告诉她自己在某一个娱乐场所和客户谈生意，叫她火速带钱来解救"被困人质"。不过事后麦克纳马拉先生觉得这件事让他大失颜

▲ 现代信用卡发明人麦克纳马拉先生在餐馆吃饭，忘了带钱包，差点被人当成吃霸王餐的。

面，他发誓以后绝不能让这样的事情再次发生。

那一夜麦克纳马拉先生没有睡着。不是因为麦太太追着他拷问为什么背着她在娱乐场所"谈生意"，而是因为麦克纳马拉先生发现了一个商机：为什么不能有一种信用卡在众多的场所使用？为什么不能在贷款公司和消费用户中间创造一个专门机构来处理信用卡的营运和交易？

几天后，麦克纳马拉和那天被怀疑吃霸王餐的另外两位先生一起讨论了这个商业计划，大家都"于我心有戚戚焉"。三位马上掏钱投资，在1950年成立了餐者俱乐部卡公司（Diners Club，也称"大来卡"）。世界上第一张信用卡就此诞生。餐者俱乐部以经常旅行和在外就餐的商业销售人员为核心客户。作为中间营运商，餐者俱乐部一方面从金融市场上筹借资金，另一方面向信用卡用户提供信用透支；一方面向商家支付信用卡消费交易金额，另一方面向信用卡用户收取每月的账面余额。在这个模式下，餐者俱乐部卡能够集中有效地管理市场推广、交易运营、风险控制，以及用户账单支付。在盈利模式上，餐者俱乐部一方面向商家按信用

▲ 差点被人当成吃霸王餐的现代信用卡发明人弗兰克·麦克纳马拉先生

资料来源：Diners Club。

卡交易金额的比例收取手续费，另一方面向持卡会员收取年费。1950年，餐者俱乐部的年费为5美元；到2009年，年费达到80美元。当时的餐者俱乐部卡和现在的信用卡略有不同，虽然用户可以透支消费，但每个月记账周期结束后，餐者俱乐部要求用户偿还全部账面余额。

到1951年，餐者俱乐部发展到两万持卡会员。十年以后，餐者俱乐部卡以塑料卡替换了纸质卡。餐者俱乐部卡作为商业旅行者常用的信用卡，在众多的餐馆、酒店、机场和航空公司通用。1981年，花旗银行收购了餐者俱乐部。2009年，处在金融危机里的花旗银行以1.65亿美元的价格把餐者俱乐部出售给了美国发现卡。

信用卡业的另一个先驱，成立于1880年的美国运通卡，最早是家快递公司。运通在早年的私营邮差业务中，发现运货物远远不如运钞票赚钱快。1882年，运通开始了汇票（Money Order）业务。到后来，运通发现人们在旅行时都喜欢穷家富路，常常携带大量现金旅行。然而十九世纪的美国，并不比二十一世纪的美国更安全，携带现金长途旅行往往具有很大的风险。于是在1891年，运通发明了旅行支票（Traveler's Check）。旅行支票可以在众多的旅店、交通枢纽和商场兑现和使用，一旦丢失，还可以挂失，解决了旅行者的一个大难题。至今，美国运通还是世界头号旅行支票发行商。到1958年，美国运通公司发现信用卡市场的巨大潜力，发行了第一张面向旅行和娱乐业消费的运通紫色系列记账卡。运通卡的年费为6美元，比餐者俱乐部年费高一美元，借以表明比餐者俱乐部档次略高一筹。当时的民众对运通卡非常欢迎，在正式发行之前，就有25万用户预订了这张信用卡。

五年后，美国运通后来居上，在世界各地拥有100万运通卡用户，85 000家联网商家。为吸引高端客户，运通公司在1966年又推出了运通金卡，在1984年推出了白金卡。1999年，运通公司推出了为极高端精英服务的运通黑卡。

早期的运通卡和餐者俱乐部卡一样，是记账卡，用户每月都要付清账面余额。直到1987年，运通公司才推出运通的第一张全功能的信用卡Optima Card。这种信用卡要求客户不必每月付清账面余额，只要支付利息和最低付款额，就可以长期保持账面借款余额。因为根据美国八十年代以前的法律，运通公司和餐者俱乐部不属于注册银行，所以不能发行循环借款（revolving）的信用卡来收取利息。而实际上这样的全功能的循环借款信用卡，早在1958年就以银行卡的形式出现了。

最早的两种信用卡——餐者俱乐部卡和运通卡，有时被称作封闭式系统的信用卡（Closed-loop System）。这样的信用卡公司既管理信用卡网络，又管理信用卡用户，同时与商家和信用卡用户直接支付结算。1966年出现的银行信用卡协会，则被称为开放式信用卡系统（Open-loop Systems）。

1958年，美国银行（Bank of America）推出了美国银行卡（BankAmericard）。这是世界上第一张大规模使用的循环借款信用卡（Revolving Credit Card）。这种信用卡具有现代信用卡的最重要的特征：用户可以在信用额度内消费，只要每月交纳银行规定的最低还款限额和利息，就可以保持正常的信用卡使用功能。不过，美国银行的信用卡发展历程，可谓前途光明、道路曲折。美国银行选择了美国加利福尼亚州的弗雷斯诺市作为美国银行卡的首发城市。美国银行消费者服务研究部的约瑟夫·威廉斯是市场营销的大牛人，信用卡推广的先驱，他凭着他的分析模型和三寸不烂之舌，说服了美国银行的老总们在弗雷斯诺市试发行信用卡。这次发行开创了市场行销史上第一次成功的大规模信用卡邮寄推广。弗雷斯诺市人口二十五万，美国银行控制45%的银行市场份额。这样的市场空间，足以支持一定规模的信用卡消费。当时风行的餐者俱乐部卡和运通卡都要求每月付清账面余额，而其他的银行信用卡虽然不必每月付清账面余额，但由于规模太小，不能形成规模经济效应，使得刷卡消费很不方便。美国银行这次前无古人地大手笔推出了美国银行卡。在二十五万人口的小城弗雷斯诺市邮寄了六万张信用卡。几乎所有有正当职业的弗雷斯诺市民，都在自家邮箱里发现了一张美国银行卡。只要他们在这张信用卡上签名，并和美国银行确认，激活这张信用卡，就自动成为美国银行卡会员。在这样轰轰烈烈的市场营销下，美国银行卡在加州攻城略地，到1959年10

▲ 弗雷斯诺市每一户居民都在自家的邮箱中发现一张银行卡。

月，几乎所有经济状况良好的加州人，都收到了美国银行寄来的信用卡。美国银行在加州一下拥有了两百万信用卡用户，两万家联网商家。不过，这次轰轰烈烈的信用卡市场营销活动，也称得上是美国信用卡风险管理历史上的一大败笔。到1959年12月，有22%的美国银行卡用户拖欠信用卡账款，这给加州的警察和法院又添了一项新工作——对付银行信用卡欺诈。美国银行在这次历史性的信用卡大跃进里损失了2000万美元。（别忘了，那时候每35美元可以兑换一盎司黄金！）

这2000万美元的代价最终推动了世界上第一大信用卡网络的创建。为了分担巨大的费用，当时亏损中的美国银行积极邀请其他银行加入美国银行卡网络，使得美国银行卡网络一举成为美国最大的信用卡网络。到六十年代，美国银行又在加拿大、法国和英国与当地银行合作推广信用卡。1970年，美国银行将信用卡网络的控制权移交给各个发卡银行共同所有，创建了美国国民银行卡公司（National Bank Americard Inc., NBI）。1974年又创立了IBANCO公司来管理美国银行卡的国际业务。1975年，美国银行卡的各个分支统一采用了一个全新的名称——维萨卡。从诞生起就带上美国黑老大头衔的维萨卡，至今还是世界头号信用卡网络，目前拥有17亿份信用卡发行量，在两百多个国家和地区拥有280 000万联网商家和140万联网ATM机。

"既生瑜，何生亮。"如果找个半仙给万事达卡批命，肯定会选这句判词。万事达卡的诞生，就是为了和信用卡的老大维萨卡竞争。1966年，美国银行的竞争对手，加州银行（Bank of California）、第一路易斯国立银行（First National Bank of Louisville, Kentucky）、加州联合银行（United California Bank

等，组建了银行际信用卡协会（Interbank Card Association，ICA），并且推出了万事达银行记账卡（Master Charge：The Interbank Card）。银行际信用卡协会这个名字，无论用英文还是中文，都实在拗口，因此，在1979年，他们正式采用了"Matercard"（万事达卡）这个名称。2002年，万事达卡和欧洲的信用卡巨头欧洲国际支付卡（Europay International SA）合并。不过，即使在合并后，万事达卡和维萨的个头相比，还是小了一号：万事达卡目前拥有9.8亿份信用卡发行量和2 800万联网商家。

四大信用卡品牌中最小的也是最年轻的一个——发现卡，没有其他三家那么长的辉煌历史。不过，发现卡的爆发史也是金融创新和市场营销的经典案例。发现卡的创始者不是银行金融机构，而是家百货公司。1985年，当时美国最大的零售商希尔斯百货（Sears）为了扩展业务范围，创建了发现卡。作为深谙市场营销的零售商，希尔斯百货成功地推广了发现卡。发现卡首先在全球最昂贵的电视广告时段——全美职业橄榄球超级杯比赛——的电视广告上推出，接着以铺天盖地的营销推广进入了美国人的生活。后来的十几年里，发现卡还一直占据着纽约时代广场最显著的位置——新年彩球的黄金广告位置。发现卡的两个创新：零年费和现金折扣，让发现卡在美国的消费者中受到极大的欢迎。消费者忽然发现，原来信用卡年费根本就是信用卡公司的一大乱收费项目，自己居然被信用卡公司盘剥了这么多年！使用发现卡刷卡消费不仅不是个负担，而且可以带来1%的现金折扣，这听起来好像是天上掉馅饼。觉悟了的消费者纷纷转向发现卡，使这张卡在短短几年内得到迅速推广。然而，九十年代以后，希尔斯百货备受沃尔玛等折扣零售商的冲击，最终在1993年出售了发现卡。1997年，摩根斯坦利（Morgan Stanley）成为发现卡的新主人。2007年，处在危机里的摩根斯坦利没能为发现卡找到新买家，最终让发现卡分离出去，成为独立的公司。2008年，历史最短的信用卡品牌发现卡，收购了历史最长的信用卡品牌餐者俱乐部卡。

2005年的一天，北京前门全聚德烤鸭店又迎来了一批公款吃喝的人们。这群人，从美国芝加哥坐波音747头等舱，飞到了北京。下了飞机刚刚开完一个会，他们就匆匆地坐上豪华轿车直奔前门大街。这几位，不仅吃了烤鸭夹大葱蘸酱，喝了鸭架汤，而且还公然使用自己公司的信用卡消费。吃完饭后，他们照相留念，并且现场接受《华尔街日报》记者采访，唯恐不留下证据。这几位对着镜头，举着金黄色的信用卡，唯恐天下不知。这张金黄色的信用卡，就是美国的发现卡。这几位老总，是美国发现卡公司的首席执行官和他的部下们。发现卡和中国银联从2005年起就开始了战略联盟合作。中国银联的借记卡和信用卡可以在美国、加拿大以及中南美洲的发现卡联网商家和ATM机使用。美国发现卡也可以在中国银联所有的联网商家和ATM机使用。发现卡的老总们刚刚在北京和银联完成签约，按捺不住，直接奔前门去试试自己公司的发现卡好不好使。不久之后，银联的老总也专门到纽约梅西百货刷银联卡。不过我们银联的老总没有大吃大喝，只是买了根领带。发现卡目前在美国有5 000万客户，400万联网商家。具有中国银联标志的信用卡，都可以在美国这个信用卡网络内通用。

信用卡从1950年诞生到现在，六十年内推广到了全世界各个国家。美国目前已经有15亿张激活的信用卡。但是信用卡带来的问题也在迅速增长。2007年，奥巴马在总统竞选纲领中把对这个问题的处理作为他的经济政策的重要部分。2009年，奥巴马入主白宫以后，积极推动国会通过了信用卡改革法案，用政府立法来推动信用卡业的整顿，加强对信用卡发放机构的监管，力图消除信用卡行业对消费者的欺骗行为。

如果说信用卡在美国的发展是飞速的话，那么信用卡在中国的发展就是光速了。信用卡是在改革开放后进入中国人的生活的。1978年，中国银行广州分行和香港东亚银行签订协议，开始代理国外信用卡在中国的业务。1985年，中国银行珠海分行发行了历史上第一张人民币信用卡——珠江卡。1986年，中国银行北京分行发行了第一张长城卡。1987年，中国银行加入了维萨信用卡和万事达信用卡网络。1989年，工商银行发行了第一张牡丹卡。1991年，农业银行推出了金穗卡，建设银行推出了建行维萨卡。1995年，工商银行和上海航空公司联合推出中国第一张联名卡——牡丹上航联名卡。1993年，在江泽民总书记的倡导下，金卡工程开始了中国金融业的电子化和网络化。2002年1月，中国银联股份有限公司正式成立，中国银联建立了全国统一运营的银行卡跨行信息交换网，使得中国拥有了覆盖全国，并扩展到海外六十多个国家的信用卡网络。目前，中国银联拥有了联网商户118万家，联网POS机185万台，联网ATM机17万台。

如果说上世纪末信用卡在中国还只是在涉外行业使用的话，那么近几年，中国国内个人信用卡则可以说出现了井喷式发展，每年以超过60%的速度增长，让信用卡进入了寻常百姓家。目前，中国大陆信用卡持卡人数超过了3 000万，累计发行信用卡超过了1.5亿张。然而，就像美国信用卡早期的大发展、大混乱一样，中国信用卡目前的大发展也问题重重。大多数发卡银行的信用卡业务还处于亏损阶段。而信用卡用户所面对的管理混乱、信用欺诈、误导消费和信用风险，让中国银监会也不得不介入，对信用卡行业念起紧箍咒，加强了对信用卡的监管。当然，信用卡在中外都能够大行其道，与信用卡的效率和便利是分不开的。王蜀南对此深有体会。

第三章

全球通用，十秒之内完成交易
使用信用卡的基本知识

> 邦德来到巴哈马一家高档酒店，他并没有提前预订房间，但当他向接待人员出示了一张黑色卡片后，接待人员立即给他安排了一间上等套房。这张黑色卡片就是传说中的"黑卡"。
>
> ——007系列电影《皇家赌场》

黑卡是美国运通公司发行的百夫长卡（Centurion Card）的俗称。这张信用卡用黑色的钛合金制成，只邀请极高收入的人士入会，不接受公众的申请；而且，这张信用卡收取高达5 000美元的入会费和2 500美元的年费。所以，运通公司黑卡成了一些人的身份象征。然而，像任何信用卡一样，邦德爵士使用黑卡的时候也得刷卡。所有的信用卡的申请和使用，在原理和流程上几乎是一样的，也就是说，邦德爵士刷黑卡时的交易过程和王蜀南刷他的500美元信用额度的维萨卡基本相同。

十三年前，刚刚踏入美国的王蜀南看到同系的中国师兄刷卡，备受刺激，下定决心："等咱有钱了，一下申请两张信用卡，一张用来刷，一张用来给新来的师弟（师妹）看。"不过，没等到成了有钱人，王蜀南就开始申请使用信用卡了。

到美国的第三天,正在校园里熟悉地形的王蜀南,猛然间看见一个十字路口彩旗招展,人头晃动,恍惚间倒像是回到了北大三角地:"团委那帮人又在搞什么活动了?"定睛一看,横幅上写的是:"申请发现卡赠免费 T 恤衫。"王蜀南猛然回到现实中。头两天交房租买东西钱花得如流水般的王蜀南,现在看见有免费的东西,顿时两眼放光,冲上去要了一张申请表。不久,威斯康星大学校园里又多了一道景致:胸前金黄色发现卡商标,背后黑体字口号"Cash Back"(现金折扣)的学生。

填写申请表时,王蜀南读到这样的条款:发现卡现在还有一个特殊的促销计划,如果在这次促销中申请发现卡,发现卡公司将免费赠送一个礼物——带有信用卡申请人姓名英文缩写字母的钱包。在信用卡申请问卷里,留有专门的空白让申请人填写自己的英文字母缩写,以便印制在免费赠送的钱包上。王蜀南毫不犹豫地填上了"王蜀南"三个字的拼音缩写:WSN。几年以后,当计算机和互联网在中国学生中普及的时候,王蜀南才发现,原来 WSN 是个著名的网络用语,用于形容像王蜀南这样小气抠门的留美博士生——猥琐男(WSN)。后来很长一段时间,王蜀南请女孩子吃饭买单的时候,都小心地把自己的钱包正面朝下,免得女孩子看见上面赫然印着的大号字母 W.S.N.。

填了信用卡申请表的王蜀南,左等右等,终于等到了发现卡寄来的一封薄薄的信,拆开一看,内容是这样的:"亲爱的王先生,我们很荣幸地收到你的信用卡申请。然而,我们很抱歉地通知你,因为你的信用记录问题,我们无法批准你的申请……如果你有疑问,请打免费电话,联系个人信用征信局——环联信息公司……"一团迷雾中的王蜀南去请教系里的中国师兄,师兄笑道:"你怎么这么快就申请信用卡?你得等到你有了信用记录,他们自然会找上门来……""什么是信用记录?就是美国的档案。你现在没有信用记录,银行就不知道你是个人畜无害、遵纪守法的良民,就不会给你贷款,不会给你信用卡。"

　　四个月以后,在美国银行开户四个月的王蜀南,成为了人畜无害、遵纪守法的美国良民,于是,在师兄的指点下,他向自己的开户银行——威斯康星大学信用社(University of Wisconsin Credit Union)提出了信用卡申请。两个星期以后,王蜀南在自己的邮箱里发现了一张寄来的万事达卡。卡是用平信寄来的,粘在一张信纸上。信纸上印着万事达卡的标志,信用卡号,发卡银行:威斯康星大学信用社,信用额度:500美元。信用卡上还贴着一张不干胶标签:"请在使用前拨打以下免费号码1–800……"王蜀南按提示拨通了1–800号。电话那边是冷冰冰的电脑女声,口音有点像《星球大战》里的翻译机器人3PO:

　　"请输入您的信用卡号……"

　　"请输入您的住宅电话号码……"

　　"请输入您的社会保险号……"

　　王蜀南按要求一一输入了信息。当问遍了王蜀南的重要隐私信息以后,3PO终于发出了最后的指令:"您的信用卡已经激活,请去掉信用卡上的不干胶标签,在信用卡背面签字。现在您可以在任何带有万事达卡标志的商家使用您的信用卡。谢谢。再见。"

　　惊喜之余,王蜀南在信用卡背后签好了自己的名字,连忙跑到公寓楼下的华格林便利店买了两袋面包、一瓶矿泉水、一包热狗香肠,共计8.75美元。付款的时候,王蜀南递上了自己的信用卡,收银员接过卡,在POS收银机上一刷,两三秒以后,收银机打印出了一张收据，收银员撕了，递过来："请签名。"王蜀南签了字，收银员收了，把售货收据交给王蜀南："感谢您光临华格林商店。"

几秒钟的交易，显得非常方便。几年后，当王蜀南进入信用卡行业，才发现这几秒钟的交易，涉及至少两三家银行，三四个风险管理模型和信用欺诈预测模型，四五家公司，以及数千英里的数据交换。不过作为刷卡的消费者，王蜀南此时只感到刷卡消费的无比方便。王蜀南决定周末到麦迪逊市西郊的购物中心"血拼"（Shopping）一番。

周六一大早，王蜀南登上了开往西郊购物中心的巴士。上车以后，王蜀南才发现，车上人不多，乘客不是和他一样没有汽车的学生，就是老得开不了车的老人。王蜀南正好坐在一位美国老太太旁边，老太太很健谈，主动和王蜀南聊天，让人颇觉得温馨，好像回到了《读者文摘》中的那个美国。多年以后，王蜀南才了解到，美国老人一般独居，所以非常孤独，只要能逮得到一个聊天的人，绝不会轻易放过。到目的地半个小时的车程，在闲聊中很快就过去了。临下车的时候，老太太说了一句令王蜀南难以忘记的话："You will become an American."（你会成为一个美国人）半吊子英语的王蜀南以为自己听错了，连忙用《跟我学》里面的牛津腔英语问："I beg your pardon？"（您能再说一遍吗？）"YOU will become an American！"

王蜀南觉得，美国人似乎有一种严重的情结，他们普遍认为，我们美国是世界上最好的，你们一定得照我们这一套来做；如果你们觉得我们不是最好的，那么你们肯定弄错了。后来王蜀南搬到芝加哥，常去一家意大利超市，这家超市的老板祖上曾经是威震一方的意大利黑手党头目,因此,超市的座右铭也颇有其家族的特色:"你要的东西,我们肯定都有;我们没有的东西,你肯定不需要。"(If you want it, we have it; if we don't have it, you don't need it.)然而,王蜀南对此并不以为然。且不说王蜀南无法改变的中国胃,隔三差五要靠中餐来调剂,在美国住了十几年以后,当他在美国 NBC 电视频道上观看北京奥运会开幕式的时候,看到小朋友的那曲《歌唱祖国》,王蜀南虽然已经为人父母,却发现自己的眼泪还是不争气地刷刷流下来。已经拿了绿卡多年的王蜀南,还拼着一口气不加入美国籍,仿佛要去证明那个美国老太太是错误的。然而,在刚刚到美国的那年,拿到第一张信用卡之后的一个月的疯狂刷卡,却证明了王蜀南这个中国人在信用卡消费上,和美国人没有两样。

虽然王蜀南不愿意承认,但是他也和所有中国人一样,骨子里有勤奋节俭,或者说是勤劳小气的基因。教师家庭出身的王蜀南,有量入为出的习惯,每次出去购物,都时不时看看口袋里还剩下多少钱,看到过高的价格标签就知难而退,免得挨售货员白眼。然而,刷卡消费就不一样了:使用信用卡消费,可以最大限度地刺激和满足人的消费欲望。刚刚到美国留学的王蜀南,一个月的奖学金交完所得税和房租就只剩下 600 美元了,平时手里也就拿一两百美元的现金。但是忽然间,来了张 500 美元信用额度的信用卡。王蜀南的消费行为一下就摆脱了现金的制约。王蜀南早就在电器连锁店看中了一个索尼 Diskman 随身听(九十年代的索尼 Diskman,地位仿佛现在的 iPod Touch),本来准备下个月存够了钱再买,这下可好,先刷卡买了再说!从电器店出来,王蜀南又进了旁边的沃尔玛超市,一不小心就把购物车装了个满。付款的时候，递上信用卡，全无心理负担。最后，王蜀南购物太多，不得不打电话请师兄开车来搬运。

美国人常把信用卡称作塑料钱，说："塑料钱花起来好像就不是钱一样。"这就是刷卡消费的一大特点。平时点钱小心的王蜀南，在刷卡的时候，没有了钱包的桎梏，忽然大手大脚起来。而且刷卡消费的时候，这个商店花五十，那个商店花一百，GRE数学满分的博士生王蜀南，在不知不觉中忘了小学算术加法，到底刷卡花了多少钱也没了数。

美国 NPR 广播电台曾经做过一个这样的专题报道："为什么我们使用信用卡的时候比使用现金花钱更多？"NPR 采访了美国康奈尔大学经济学家罗伯特·弗兰克教授。弗兰克教授声称，从进化论来看，人们喜欢刷卡，有深层次的原因：人们总是喜欢选择马上就能得到的好处，而不是选择将来能得到的更大的好处。哈佛大学的著名心理学家理查德·赫恩斯坦和乔治·安斯利曾经发现，动物在比较现在和将来的价值的时候，常常会做出不明智的选择。在一个实验中，赫恩斯坦给鸽子两个不同的按键选择。鸽子如果啄红色的键，会马上得到一点点食物；如果鸽子啄绿色的键，则需要多等几秒钟，但是会得到更多的食物。结果，鸽子无一例外地选择红键：立即得到很少的食物，而不是选择将来（几秒钟以后）的更多的食物。人们在使用信用卡的时候，往往更注重现在的价值，而忽略将来的代价，这样造成使用信用卡消费的金额远远多于使用现金消费的金额。因为使用信用卡会带来额外的交易成本，麦当劳快餐店很久以来只允许现金付款，但是几年前，麦当劳开始引进 POS 刷卡机，麦当劳公司惊喜地发现，允许刷卡以后，麦当劳快餐店的平均消费额从 4.5 美元跃升到了

7美元!

其实这个道理中国人两千多年前就发现了。"朝三暮四"这个成语本来出自《庄子·齐物论》，庄周老先生原意并非想去指责谁负心薄幸。《庄子》里的故事是这样的：宋国有个哥们，大概是绿色和平组织的先祖，特别关心动物的疾苦。他喜欢猴子，养了一大群猕猴，并且宁愿减少全家的口粮，来满足猴子们的欲望。然而过了不久，主人家也没有余粮了。家里缺乏食物，这位动物保护先驱想给猴子们减少供给，又怕猕猴们不听自己的，就哄猴子们说："我给你们橡粟，早上三颗，晚上四颗，够吗？"猴子们一听，立马不愿意了，都站了起来，十分恼怒。过了一会儿，动物保护先驱又说："给你们橡粟，早上四颗，晚上三颗，够吗？"猴子们听了都趴在地上，感到很高兴。[1] 只顾眼前利益，忽视将来的代价，乱刷卡消费的王蜀南们，在我们古人的眼中，智力水平一定和猴子们旗鼓相当。

麻省理工学院的普雷勒克教授和西蒙斯特教授做过一个有趣的实验。他们将参加实验的人随机地分为两组，一组的参与者发给一笔现金；另外一组发给相同金额透支额度的信用卡。然后让他们去参加一个拍卖会，竞买一个著名 NBA 篮球队的比赛门票。他们发现，用信用卡付款的那一组人的平均出价，是用现金付款的人出价的两倍！普雷勒克教授说："很显然，使用信用卡让人能够容忍更高的价格。"[2]

---

[1]《庄子·齐物论》："宋有狙公者，爱狙，养之成群。能解狙之意，狙亦得公之心。损其家口，充狙之欲。俄而匮焉，将限其食。恐众狙之不驯于己也，先诳之曰：'与若芧，朝三而暮四，足乎？'众狙皆起怒。俄而曰：'与若芧，朝四而暮三，足乎？'众狙皆伏而喜。"

[2] Donna Rosato:"Life Without Plastic". *Money Magzine*. CNN. June 17, 2008.

美国《时代》周刊报告过另一个研究。美国宾州大学的苏勒雷斯教授和 Compass Lexecon 咨询公司的格罗斯先生发现，美国的消费者每年一般会平均支付 200 美元的信用卡利息。然而，他们的支票账户和储蓄账户通常还有一大笔钱。也就是说，一方面，他们支付很高的利息刷卡；另外一方面，他们却在银行里存钱，取得少得可怜的利息。①

王蜀南到西郊购物中心去血拼了一次，月底，收到信用卡公司寄来的信用卡结算单（Monthly Statement）。大家常常把信用卡结算单称作信用卡账单（Credit Card Bill），因为这是个需要付款的账单。王蜀南的第一张信用卡账单就很惊人，刷卡消费了 489 美元，几乎快超过了信用额度。惊讶之余，王蜀南不禁感叹："我怎么会是个购物狂呢？怎么会花了这么多？"室友张木回了一句，噎得王蜀南不敢回话："一般来说，精神病人都不会承认自己有精神病。"

信用卡公司在每个月结算单截止日期（Statement Closing Date）计算当月信用卡消费金额和利息，寄出每月的结算单。王蜀南收到的信用卡账单分五个部分：

第一部分是信用卡的基本信息：

循环借款额度（Revolving Credit Line）：$500;（即信用额度，持卡人可以在这个额度内透支消费）

可使用循环借款额度（Available Revolving Credit Line）：$10.18;（这部分是信用额度减去账面余额，即为目前还可以刷卡使用的信用额度）

现金借款额度（Cash Advance Limit）：$100;（很多美国信用

---

① Barbara Kiviat:"The Real Problem with Credit Cards: The Cardholders". *Time*. May 12, 2009.

卡公司允许持卡人直接使用信用卡透支现金，这就是现金透支额度。不过现金透支的利息比一般消费的信用卡利息还要高很多）

最新账面余额（New Balance）：$489.72；（即为在每个结算单截止日期时持卡人欠信用卡公司的金额）

结算单截止日期（Statement Closing Date）：01/26/1997；（一般信用卡每月结算一次利息和账面余额，1997年1月26日即为这一个月的结算周期截止日期）

超过循环借款额度的金额（Amount Over Revolving Credit Line）：$0.00；（有时信用卡公司允许持卡人消费略微超过信用额度，或者有时信用卡累计的借款本金和利息累计会超过信用额度。这部分金额即为账面余额超过信用额度的部分。如果信用卡出现超过循环借款额度的金额，信用卡公司会认为持卡人属于高信用风险的人群，会相应提高信用卡的利息，有的公司还会收取超过信用额度的罚金）

逾期金额（Past Due）：$0.00；（如果持卡人每月的还款额低于信用卡公司规定的最低付款金额，信用卡公司就认为持卡人开始拖欠债务，它们一般会收取逾期罚金，并且提供信用卡利息。逾期拖欠还款还会影响信用记录，降低信用分数评级）

最低付款金额（Mimimum Amount Due）：$25.00；（信用卡公司规定的最低付款金额，一般是最新账面余额（New Balance）的2.5%到10%。如果持卡人每月还款金额超过最低付款金额，持卡人就保持了正常的信用卡循环借款状态）

第二部分是每笔信用卡交易的详细内容：

在这一部分，每一笔刷卡交易的销售日期（Sale Date）、信用卡记账日期（Post Date）、交易代号（Reference Number）、商家名称、城市和交易金额都被详细地列出。在华格林买面包,在百思买买 DiskMan,都列得清清楚楚。王蜀南的室友还特别提醒他,一定得详细地查对每一笔交易,如果发现不是自己的交易,要马上联系信用卡公司,因为这很可能是信用卡盗号和欺诈。

第三部分是信用卡账户总结(Account Summary),反映账户的基本运行情况:

当月账面余额(Current Balance)= 上月账面余额(Previous Balance)– 上月还款金额(Payment)– 上月信用卡退货金额(Credit)+ 上月信用卡消费金额和现金借款金额(Purchases & Advances)+ 上月累计利息(Interest Charge)+ 其他信用卡费用(Other Finance Charge)。

第四部分是利率总结(Rate Summary),反映了利息计算的情况:计算利息的账面余额(Balance Subject to Finance Charge):$0.00;每日利息(Periodic Rate):0.5477%(D);年利息(Annual Percentage Rate,APR):19.990%;

累计利息(Interest Charge)= 计算利息的账面余额(Balance Subject to Finance Charge)× 每日利息(Periodic Rate)× 本月天数。

第五部分是可以撕下来的付款单,包括如下内容:

付款的邮寄地址;

付款日期(Payment Due Date):02/16/1997;(每月持卡人应该在付款日期前支付最低还款金额,否则将被视为拖欠债务)

账面余额(Your Balance):$489.72;(如果持卡人不能付清每月账面余额,信用卡公司将按天数和剩余账面余额收取利息)

最低还款金额(Mimimum Amount Due):$25.00;(如果持卡人的每月还款额低于最低还款金额,持卡人就会被信用卡公司

视为拖欠债务）

预留的空格，由持卡人填写实际的付款金额。

博士生王蜀南收到这份信用卡账单，觉得满复杂的，仿佛处处都有玄机，仔细看了好几遍，又去请教系里的中国师兄，才搞了个七分懂。直到他后来到信用卡公司工作，才最终弄清楚了其中所有的玄妙。所谓的高级知识分子王蜀南都对信用卡账单和利息计算不清楚，那么一般的红脖子①美国打工仔，大概永远都处在被卖了还帮人数钱的地步。所以，后来的美国国会和奥巴马总统专门制定了法律，规定信用卡公司必须详细地解释如何解读信用卡账单。

当美国人形容一个人倒霉的时候，常常说："这人实在倒霉，连他的狗都离开了他。"不过，无论一个美国人如何倒霉，就算亲朋好友、猫猫狗狗都离开他了，他的信用卡公司总不会忘记他，比狗还要忠诚。无论信用卡持卡人搬到哪里，美国的信用卡公司总能想办法把信用卡账单寄到。美国《芝加哥论坛报》报道过一个汇丰银行给死人寄信用卡账单的故事。②芝加哥的邓肯先生是卡森百货公司的忠实客户，早在二十世纪五十年代，邓肯先生就申请了一张卡森百货信用卡。作为卡森公司的忠实顾客，邓肯先生一生从未拖欠任何信用卡付款。2009年7月，邓肯先生不幸去世，在他的卡森百货信用卡上，留下了2361.04美元的信用卡透支余额。卡森百货信用卡由汇丰银行发行管理。邓肯先生死后，汇丰银行每月还继续把信用卡账单邮寄到邓肯先生的家里。

---

① 红脖子（Redneck），指长期从事体力劳动颈脖晒红的美国南部农民，尤指其中观念狭隘、保守者。

② 《芝加哥论坛报》2010年3月25日报道（Jon Yates:"Credit Card Bills Continued Long After Man's Death"）。

University of Wisconsin Credit Union® MasterCard®

Account Number .5369 9351 1234 5689
www.uwcu.org

Customer Service: 1–800.123–xxxx
P.O.Box 1234. Madison. WI 53706. 1234

Account Information:

Revolving Credit Limit	$500.00
Avail Revolving Credit	$10.18
Cash Advance Limit	$100.00
Avait Cash Limit	$10.18
New Balance	$489.72
Statement Closing Date	1/26/1997
Days in Billing Cycle	31
Amount Over Revolving Credit Line	$0.00
Past Due	$0.00
Minimum Amount Due	$25.00

Paymet Information: Payment must be received by 5:00 PM local time on the payment due date

New Batance	
Minimum Amount Due	$25.00
Payment Due Date	2/22/1997

Late Payment Warning: if wedo not receive your minimum payment by the date listed above. you may have to up to a $39 later fee and your APR may be increased up to the variable Penalty APR of 28.99%.

Sale Date	Post Date	Reference Nunber	Activity Since Last State Ment		Amount
			Payments, Credits, & Adjustments		
	1/22	R6752123	PAYMENT THANK YOU		50.00
			Standard Purch		
1/5	1/9	YCNSMS87	WAL-GREENS	MADISON	8.75
1/5	1/7	W4WSDQ2	BESTBUY	MADISON	228.76
1/5	1/7	WB98DSA1	WAL-MART	MADISON	169.54
1/5	1/8	LZSDEQAA9	WOODMANS	MIDDLETON	54.23
1/5	1/9	SDAQW23*	SHOPCO	MIDDLETON	27.98
			Fees		
			TOTAL FEES FOR THIS PERIOD		$489.26
			Interest Charged		
			TOTAL INTEREST FOR THIS PERIOD		$0.00

Account Summary:

Previous Balance	$0.00
Payments	–$0.00
Other Credit	–$0.00
Purchases &Advances	+$489.26
Interest Charge	+$0.00
Other Finance Charge	+$0.00
New Balance	$489.26

Days This Billing Period:31

Rate Summary	Blance Subject to Interest Charge	Periodic Rate	Nominal APR	Annual Percentage rate
PURCHASES				
Standard Purch	$0.00	0.5477%(D)	19.990%	19.990%
ADVANCES				
Standard Adv	$0.00	0.5477%(D)	19.990%	19.990%

美国信用卡结算单范例（相关的个人金融数据和金融机构信息均为虚构）

收到账单之后，邓肯先生的遗孀只好把她先生的死亡证明邮寄到汇丰银行，证明此人早已仙逝。汇丰银行的管理人员大概深谙"父债子还，人死债不死"的精神，收到邓肯先生的死亡证明之后，便把这笔债务转到了邓肯太太名下，并开始向邓肯太太邮寄信用卡账单。到2009年11月，汇丰银行开始动用催债公司，每天打电话向邓肯太太催债。邓肯太太先丧偶，再被催债，自己的信用记录也被搞得一团糟，情急之下，写信向《芝加哥论坛报》求助。主流媒体出面干涉，自然出手不凡。《芝加哥论坛报》直接找到了汇丰银行的新闻发言人凯特小姐，陈述了这个问题。两天以后，汇丰银行决定免除这笔债务，并且帮助邓肯太太修复信用记录。不过当记者问及为何"人死债不死"问题的时候，具有丰富经验的汇丰新闻发言人却轻易地化解了这个难题："因为这涉及顾客的隐私，我们不便讨论这个问题。但是我们公司的目标是让每个顾客在与汇丰的每一个互动中，都有美好的经历。"

从理论上讲，所有信用卡的利息计算方法和潜在的费用都会在信用卡合同里专门注明。美国是个契约社会，一切事情都有合同和法律来规范。信用卡持卡人签字申请信用卡，并且在信用卡背面签署名字，在法律上就是签署了信用卡合同。美国法律规定信用卡公司必须向用户阐明合同，所以，不得不诚实的美国信用卡公司就绞尽脑汁，使用适合显微镜看的五号小字体，把合同印在3英寸宽6英寸长的十几页的小册子上，并且把重要内容淹没在无数的法律用语之中。美国信用卡公司邮寄给持卡人的信用卡合同，大多数被原封不动地丢到了用户的垃圾箱内。即使有些用户想搞清楚这个合同，含混晦涩的法律措辞也只能让普通人望文却步。奥巴马总统以前是个律师，大概早年也被这样的信用卡合同弄懵过，所以，他一上台就要搞个法律，让信用卡公司取消这样的显微镜版本的信用卡合同。

王蜀南也是在后来到信用卡公司工作才知道，信用卡持卡人因为不同的还款行为，一类人被称为交易者（Transactor），他们每月都能够还清信用卡账单，而不必支付任何利息；另一类人被称为循环借款者（Revolver），这里的 Revolver 不是左轮手枪，是指持卡人不能还清信用卡账单，每月需要支付信用卡利息。

从每月的信用卡结算单截止日期到付款日期，一般有十五到二十天，这段时期一般称作免息还款期（Grace Period）。如果持卡人每月都付清本月账面余额，持卡人就不需要支付在免息还款期内的账面余额的利息。精确地说，从刷卡消费日期到付款日期，持卡人不需要支付消费金额的利息，这样的持卡人被称为信用卡交易者。他们可以最大限度地从使用信用卡来获利。

被称为循环借款者的另外一类信用卡消费者，每月不能付清信用卡账单。但是，如果他们每月支付了最低还款金额，就可以保持正常的信用卡使用身份，按照信用卡合同规定，持卡人就可以在信用额度内继续使用信用卡。但是，信用卡公司将对包括本月最新消费额的信用卡每月平均账户余额（Average Balance）收取利息。上个月的利息在月末将计入下月的平均账户余额来计算下月的利息。用中国人创造的"驴打滚，利滚利"这样的词语来形容，实在是惟妙惟肖。

另一类更不幸的信用卡消费者，是拖欠信用卡债务的人。他们在还款日期内不能支付最低还款金额。一旦出现这样的拖欠，信用卡公司不仅会收取利息，而且马上会对持卡人每月罚款29－39美元（对，这也是合同规定的，谁让你没有用显微镜研究合同呢？），如果欠款两个月以上，信用记录就会被影响，信用卡的利息也会上升。

持卡人不同的消费和还款行为导致不同的利息收费。如果使用得当，消费者虽然不能像邦德爵士那样拿黑卡到处唬人，但是持卡人不仅可以取得免费利息上的好处，而且可以享受很多其他的信用卡优惠。所以，建议大家还是好好地研究研究下面这些关于信用卡优惠的秘籍，也好多省下点零用钱。

第四章

世上有免费的午餐？
信用卡的各种附加优惠

> "白求恩同志毫不利己专门利人的精神，表现在他对工作的极端的负责任，对同志对人民的极端的热忱。"
>
> ——毛泽东《纪念白求恩》

"凡有的，还要加给他，叫他有余；没有的，连他所有的，也要夺过来。"一位基督教牧师在给王蜀南传教的时候，讲了圣经里这句话。王蜀南当时百思不得其解，觉得上帝怎么这么刻薄。不过，他和信用卡打交道的经历，很快就验证了耶稣基督的话都是真理。王蜀南没有信用卡的时候，费尽心机去申请，屡屡受挫，颇费了些周折。但自从有了第一张信用卡，每个月开始周而复始地刷卡、还款，刷卡、还款，有了按时还款的良好记录，在众多信用卡公司的眼中，就从不名一文的新移民，成为了信用记录良好的才俊青年、可造之才（或者说是有利可图之人）。

不久之后，王蜀南开始在自己的邮箱里发现一封又一封信用卡公司寄来的邀请信和批准信。美信银行（MBNA）的信用卡邀请信是这么说的："王蜀南先生，我们很高兴地邀请你申请美信发行的万事达卡。我们将免除您的信用卡年费……"（王蜀南到这时候才发现，他的第一张信用卡每年居然还要收取50美元年费！）美国发现卡公司的信件更直接："王蜀南先生：我们已经预批您取得发现卡，如果您加入发现卡，您将有2 000美元信用额度，并且您使用发现卡消费将得到高达2%的现金折扣。"美国运通公司："王蜀南先生：如果您加入运通Optima学生卡，您将免费获得一张美国国内往返机票……"花旗银行信用卡的优惠很诱人："请加入花旗银行万事达白金卡，花旗万事达白金卡将给您提供100万美元飞机事故保险，免费租车保险，信用卡被盗零责任，产品免费保修延期……"眼花缭乱的王蜀南暗想：白求恩怎么跑南面的美国来给人发放免费信用卡了？

觉得天上要掉馅饼了，王蜀南赶快鸟枪换炮，申请了一张花旗银行的白金卓越万事达卡（Citi® Platinum Select® MasterCard®）。这样，王蜀南不仅可以利用信用卡带来的便利和透支免息还款期的零利息，而且可以得到白金信用卡带来的各种优惠。后来，王蜀南果真享受了一次这样的优惠，让他终生难忘。不过这样的优惠，王蜀南觉得还是少享受的好。

到美国的第二年，王蜀南和同学一起到加州旧金山旅游。刚刚拿到驾照的王蜀南，和其他新上路的马路杀手一样，技术初级，感觉良好，经验全无。旧金山是座依山而建的城市，道路高低起伏，车多路窄。马路杀手王蜀南刚刚开车进入旧金山市区，正要赞美金门大桥的美景，哪承想就出了车祸。王蜀南租来的起亚小车，拦腰撞上了侧面来的一辆丰田RAV4。一声巨响中，王蜀南目睹那辆丰田RAV4小车犹如电影慢镜头一样，从自己眼前飞出去，翻转180度，倒扣在地上。手足无措的王蜀南和同伴从已经认不出前脸的汽车里爬出来，心里念着"上帝保佑，千万不要出人命"。万幸的是，在那辆被撞得认不出模样的车里，驾驶员居然还大头朝下，紧系着保险带，端坐在驾驶座上发抖呢。不到五分钟，三辆消防车、两辆救护车，与两辆警车呼啸而来。有点回过神来的王蜀南赶快对救护人员说，我们没有人受伤。救护人员还是尽职尽责地再三确认，这三位还都是全须全尾，才打着闪灯撤离。警察叔叔接着上来问话。尽管没有太听懂这几位说的是怎么回事，但在确认双方自己都有保险以后，警察就说，既然你们都有保险，我就不写报告了，你们找自己的保险公司去解决问题吧，我就负责叫人来把报废的汽车拖走。惊魂未定的王蜀南，一边庆幸自己闯了祸居然没有被美国差佬给拷走，一边盘算着该怎么善后。

在这次车祸中，王蜀南的车拦腰撞到对方，在英语里被称为"T-bone"。这么一撞，两辆汽车全部报废，王蜀南应该负全部责任。一文不名的王蜀南发现自己得赔偿两辆汽车。回到威斯康星州不久，王蜀南就收到车祸对方保险公司寄来的两万多美元的账单，自己的租车公司紧接着也寄来了一万多美元的赔付清单。两处相加，债务价值近四万美元。六神无主的王蜀南几乎要制订潜逃回中国的躲债计划了。不过，幸亏在潜逃之前，王蜀南仔细做了做家庭作业。王蜀南翻出在威斯康星州的汽车责任险保单，仔细地查看了保单的条款，发现美国的汽车责任保险不仅可以赔付受保人所驾驶的经投保的汽车造成的责任损失，而且也可以赔付受保人所驾驶的汽车造成的任何其他汽车的损失（当然只限于民用小车，十八轮重卡、拖拉机和坦克不在保险范围之内）。因此，由王蜀南所造成的对方丰田汽车的损失，可以由王蜀南在威斯康星州的保险公司赔付。更神奇的是，王蜀南租车时所使用的信用卡，是那张刚刚收到的花旗银行白金卓越万事达卡。根据万事达白金信用卡合同的规定，使用万事达白金卡租车，万事达赠送两周的汽车碰撞和被盗保险。所以，在这次车祸中，王蜀南租来的起亚轿车的损失，可以由万事达卡全额赔付！王蜀南在车祸中可以全身而退实属命大，而白金信用卡带来的免费租车保险，得感谢信用卡行业的激烈竞争给消费者带来的优惠。更妙的是，这张白金信用卡，居然不需要交纳年费。

早期的美国信用卡，不管是餐者俱乐部卡还是运通卡，都要收取年费，而且没有像现在的白金卡这样的各种优惠。后来，随着越来越多的银行和金融机构进入信用卡行业，竞争日益激烈，信用卡公司不得不进行各种创新，以各种优惠吸引顾客。在这样的竞争中，收取年费的信用卡就逐渐退出了历史舞台。

美国的立法者和经济学家们把竞争奉为市场经济的保障，所以，美国有一系列的反垄断法，在理论上确保市场竞争的存在。随着中国经济的日益强大，大批中国垄断企业跃居世界财富五百强企业之列。然而，他们的排名和他们在中国经济中的垄断地位是分不开的。诸如中国电信、中石油这样的垄断企业成天苦口婆心地诱导中国的消费者，说我们一家独大是利国利民；但是，在行业里合理竞争的民营企业，似乎也并没有祸国殃民。竞争不仅可以带来技术和市场的进步，消费者也能够享受到更低的价格和更优质的服务。美国的信用卡公司之间的竞争就是这样的一例。为了争夺市场份额，信用卡公司不仅极力提升技术和效率，在市场营销上也使出各种招数，以争夺消费者和市场份额。最初，一些发卡银行开始免除信用记录良好的顾客的年费，随着竞争对手的跟进，信用卡公司不断地推行各种营销手段和推出各种信用卡便利和优惠，让消费者应接不暇。

出现了各种各样的升级版的高端信用卡：

一些发卡公司和信用卡网络推出了高端的银卡、金卡、白金卡，来吸引高价值的信用卡用户。这些卡不仅有信用卡的功能，而且具有各种方便旅行的功能和更强的个人金融功能。比如王蜀南的那张救命的花旗银行白金卓越万事达卡，不仅不收年费，还包括各种各样的优惠：

六个月零利息转账；

可以高达35%的旅行、娱乐、消费折扣；

信用卡被盗用，信用卡用户零责任；

使用白金卡购物，商品免费延长保修期一年；

使用白金卡购物，免费提供九十天被盗和意外损失保险；

使用白金卡购买飞机票，提供高达100万美元的免费旅行事故保险；

使用白金卡租车，免费提供汽车碰撞和被盗保险；

亨氏租车行折扣；

全球旅行紧急援助；

免费制作带用户照片的

▲信用卡公司不断地推行各种营销手段和推出各种信用卡便利和优惠，让消费者应接不暇。

白金卡；

免费提供一次性使用的互联网虚拟信用卡账号（用于防止网上消费信用卡被盗）。①

这些五花八门的高端信用卡，所取的名字从银卡、金卡到白金卡，几乎用光了贵重金属的代号。到后来，想象力丰富的银行居然推出了诸如钛卡（Titanium card）、量子卡（Quantum Card）这样古怪名字的信用卡。而最极端的例子就是黑卡了。美国运通黑卡的优惠包括在古奇、内曼·马库斯等顶级精品店购物私人导购服务，飞机票升级头等舱服务，机场贵宾候机室服务，等等。而黑卡本身就是使用钛合金制作的。当然，这样的高端信用卡都是为吸引高消费额的用户所设计的。这样的顾客能让信用卡公司不仅收回这些优惠的成本，而且赚取更多的利润。比如美国运通黑卡规定，黑卡用户每年必须保持25万美元以上的消费额，而且黑卡的年费也高达2 500美元。

另外一些信用卡则通过现金折扣或者消费折扣来吸引用户：

1987年，美国发现卡率先推出了可以高达5%的刷卡现金折扣。根据消费金额的多少，发现卡用户刷卡时每消费100美元可得到0.5—2美元的现金折扣；在某些特定商家刷卡，现金折扣可高达5%。另有一些信用卡公司和零售商家联名发行的信用卡，如果在指定的零售商家使用，能够获得更高的折扣。比如使用壳牌石油公司的加油卡在壳牌加油站加油，可以得到高达5%的折扣。美国运通卡和仓储超市好事多公司联合推出了好事多公司运通卡，消费者使用这张信用卡在任何地方购物，可以享受1%的现金折扣；如果在好事多公司购物，则可以享受2%的现金折

---

① 花旗银行官方网站，https://www.citicards.com/cards/wv/cardDetail.do？screenID=932。

扣。一些百货公司不仅在信用卡利息上赚钱，而且把信用卡作为商店的营销手段，吸引回头客频繁购物。比如梅西百货每个星期都会向梅西卡用户寄送产品目录和促销广告，其中的梅西信用卡减价券折扣可以高达20%。

还有一些信用卡公司和航空公司，连锁旅店和其他一些商家，联合提供常旅客飞行里程等优惠。

▲美国发现卡的现金折扣可以高达刷卡金额的5%
资料来源：http://www.discovercard.com。

早在1986年，花旗银行和美国大陆航空公司及美国东方航空公司联合推出花旗里程卡。持卡人使用花旗美航里程卡每消费一美元，就可以获得一英里大陆航空或东方航空的常旅客里程。不久以后，花旗银行又和美国航空公司联合推出类似的花旗美航里程卡。航空公司的常旅客里程计划（Frequent Flyer Mileage Program）是一个非常成功的营销手段。航空公司为鼓励旅客经常乘坐本公司航班，旅客每次乘坐这家航空公司的飞机之后，航空公司会给予旅客一定的里程积分，旅客可以使用累计的里程积分换取诸如免费机票、免费升舱等相应的服务。这种航空里程信用卡不仅增进顾客对信用卡的使用量，而且也增进顾客对航空公司的忠诚度。在早期，航空里程信用卡还只是与单一的航空公司联合，而最近，一些信用卡公司又推出了不受航空公司限制的里程信用卡。比如美国运通公司的喜达屋优先顾客运通卡（Starwood Preferred Guest Credit Card），可以允许用户使用积分，在各大航空公司自由兑换里程，在几大旅馆换取免费房间。

与各大汽车厂联合推出汽车折扣信用卡：

一些信用卡公司和福特、通用、丰田、宝马这样的大汽车厂商联合推出汽车折扣信用卡。消费者使用这样的信用卡消费时，可以取得积分；在购买汽车的时候，他们可以使用累计的积分换取额外的购车折扣。

这些让人眼花缭乱的优惠、折扣、种种免费的福利，让人觉得是天上在掉馅饼。很多精明的消费者喜欢刷卡来取得这些优惠和折扣。然而，中国人说："羊毛出在羊身上。"美国人也说："世上是没有免费午餐的。"信用卡给消费者优惠，这些优惠是为达到信用卡公司利润最大化而设计的。所有的信用卡优惠，都是由信用卡从消费者获取的收入上取得的。那么信用卡是怎么赚钱的呢？信用卡和黄世仁放高利贷有共同点，不过，拥有MBA学历的现代信用卡公司赚钱的方法，比它们的老前辈们又强了不少。其中的诀窍还很有学问。

第五章

出来混，还是要还的
信用卡的利息成本，信用卡债务拖欠及后果

> 杨白劳："我看穆仁智这回不会来啦。咱欠东家这一石五斗租子，二十五块钱驴打滚的账，这回总算又躲过去啦。"
> ——歌剧《白毛女》

　　世上是没有免费午餐。信用卡给消费者的优惠，来自信用卡从商家收取的费用和从信用卡用户收取的利息。信用卡是个新事物，然而信贷利息却不新鲜，有几千年的历史。从威尼斯商人夏洛克到陕北恶霸地主黄世仁，古今中外这个行业人才济济却也被世人褒贬不一。在利息计算上，黄世仁们总比杨白劳们高上一筹。虽然如今的消费者都成了上帝，不过这里要奉劝那些上帝们，在刷卡之前要想清楚利息这个东西，免得落个心比天高，命比纸薄，成了杨白劳还无处喊冤。

　　王蜀南就有幸当过一回信用卡奴杨白劳。一向抠门的王蜀南居然也会刷爆信用卡，这还得从他的婚变说起。与众多留美的WSN一样，王蜀南具有穿着土气，花钱小气，说话洋气的特点。众多留美的WSN们为美国的科学事业提供了质高价次的一流劳

动力，具有超强的科研教学使用功能，超低的维护成本，以及完善的自我修复纠错功能。留美 WSN 们的另一大用途，是国际搬运功能。在中学、大学里埋头读书的王蜀南，深受中国传统文化毒害，认为书中自有黄金屋，书中自有颜如玉。到了美国才发现，这句话祸害了不少的书呆子：自己到了一群和自己一样的光棍留学生中，一大堆硕士、博士光棍们在美国不是互相大眼对小眼，就是疯狂地追求恐龙小师妹。与众多留美 WSN 一样，王蜀南到了谈婚论嫁的年龄才发现自己对婚姻恋爱，幻想居多，经验全无。连恐龙师妹们都对王蜀南不屑一顾。

所以，王蜀南不得不趁着暑假回国相亲。话说王蜀南回到四川老家，七姑八姨们总动员，挖掘出一个排的适龄女青年，张罗着给王蜀南介绍对象。一向只读圣贤书的书呆子王蜀南，发现自己曾经生活过的城市居然存在着这么多美女，有点眼花缭乱，也有点怯场。为了稳妥起见，只好把相亲范围限制在比较熟悉的圈子里。王蜀南先去见了一个同学的表妹，又去见了一个表妹的同学，就觉得找到了梦中情人。王蜀南觉得表妹的同学明眸善睐，惊为天人；表妹的同学觉得美国留学生王蜀南才高八斗，聪明绝顶。两人相见恨晚，双方家长也觉得这是郎才女貌，珠联璧合。一对佳人在一个月内闪婚。暑假结束以后，王蜀南赶回美国，开始给新娘子办来美手续。不出两个月，新娘子顺利地拿到 F-2 签证，飞来美国陪读。

也同众多 WSN 的国际搬运婚姻一样，新娘子多年来被好莱坞电影洗脑，被《读者文摘》下毒，对大洋彼岸的美利坚天堂梦寐以求，心目中早已勾画出一个绿茵环绕、洋房悦目、香车动人的美国。然而表妹的同学到了美国，才发现巨大的反差：在美国，也存在没有电梯的破公寓，也有十年"新"的旧车，也有人月月见光，为下个月的开销发愁。更不幸的是，自己在美国，就属于这样的一群人。再看看自己嫁的老公：以前带着光环的美国留学生，现在变成了灰头土脸的穷博士；以前才高八斗聪明绝顶，现在是未老先衰快见秃顶。原先在国内的公主，从来只去百盛精品店购物，在酒吧开十二年以上的芝华士，到美国却和一个穷得叮当响的 WSN 博士生活在一起，需要每月为柴米油盐操心。在异国的美女，寂寞思乡，不过好在大凡美女都喜欢购物，尤其是在心情不好的时候，血拼的功力更会成倍增长。果然，美女血拼购物的本事超越了国界和文化差异，只用了六个月，美女老婆就刷爆了王蜀南的五张信用卡。

书呆子王蜀南没有意识到自己婚姻里潜伏的危机，还认为美女只是寂寞，于是极力推动美女考托福、GRE，并代为捉刀，替美女填了研究生申请表，写了个人自述，又大笔一挥在推荐信上签了导师的名。经过不懈的努力，功夫不负有心人，美女终于申请到美国的学校，拿到录取通知书，成功地由F-2陪读签证转成 F-1学生签证。然后，美女就开始了胜利大逃亡。

向隅而泣的王蜀南，不仅需要每个月轮番对付五份不同

▲ 只用了六个月，美女老婆就刷爆了王蜀南的五张信用卡。

的信用卡账单,还要为与自己的婚姻一起破碎的个人信用记录发愁。然而,祸兮福之所倚,福兮祸之所伏。王蜀南每个月忙着对付五份信用卡账单,一来二去,对信用卡利息的计算、信用卡账单的流程周期,以及个人信用征信记录和信用分数的原理,有了深切了解。几年后,王蜀南在芝加哥的一家信用卡咨询公司面试,对与信用卡利息计算相关的知识,娓娓道来,如数家珍。弄得面试官还以为王蜀南对这个行业经验丰富,专业精通,当场就拍板雇用了他。

王蜀南在亲身经历中发现,如今的信用卡利息计算从原理上来说,和黄世仁的驴打滚没有什么两样。今天的信用卡消费者虽然已经取得了上帝的地位,不小心的话,也逃不掉杨白劳的命运。大多数美国的信用卡是以"天"来计算复利的。一般来说,信用卡公司按法律要求,在信用卡合同上注明上帝们应该缴纳的名义年利息(Nominal Annual Percentage Rate,APR)。然而,人间的事情往往复杂,既然信用卡按天计算利息,那么实际年利息(Effective Annual Rate,EAR)就会比名义年利息高。比如在2009年,美国的主流消费者的信用卡名义年利息平均为13.46%,然而,因为信用卡是以天计算利息,而且计算复利(黄世仁老兄对这个术语有一个通俗易懂的解释:驴打滚),所以,实际年利息比名义年利息要高:

名义年利息 =13.46%

日利息 =13.46%÷365=0.0368 8%

实际年利息 =$(1+$ 日利息$)^{365}-1$

$\qquad =(1+0.0368\ 8\%)^{365}-1=14.405\%$

对于信用记录不好的信用卡用户,他们的名义年利息可以高达29.9%；而驴打滚的实际年利息更会高达34.96%。

如果我们面对美国信用卡29.9%的利息会"友邦惊诧"的话，大家看了下面的一篇美联社报道，恐怕更会"出离愤怒，无话可说"了。美联社2009年12月17日报道，美国的第十大维萨卡和万事达卡发行公司——第一首要银行（First Premier Bank），发行了一种次贷级别的信用卡。由于次贷级别的消费者信用风险很高，通常这种信用卡会收取很高的费用。一张透支信用额度为250美元的第一首要银行信用卡，一年的费用居然可以高达256美元。奥巴马上台以后，通过了一个信用卡消费者保护法，要求信用卡的费用不得超过透支信用额的25%。不过，上有政策，下有对策，在与消费者的博弈中，信用卡公司总是可以失之东隅，收之桑榆。法律规定不能多收费用，第一首要银行信用卡就提高利息。这张第一首要银行信用卡的利息从9.99%一举跃进到79.9%。除此之外，第一首要银行还收取75美元的年费；如果拖欠付款或者超额透支，第一首要银行对持卡人每次罚金29美元。[①]79.9%的名义年利息换算到实际年利息，利息高达122.14%。这样的利息，连黄世仁见到了，恐怕都会说剥削得太过分。

比常规利滚利更厉害的，是双循环计息法（Double-Cycle Billing）。比如王蜀南有张年利率17.99%的信用卡。在6月1日，王蜀南信用卡账户上有1 000美元账面余额；到7月1日付款以后，王蜀南还剩下500美元账面余额；到8月1日，王蜀南的信用卡账面余额还是500美元。王蜀南信用卡7月份的利息计算如下：

[①]《今日美国报》（*USA TODAY*）2009年12月17日文:《信用卡的新招数 7 9 . 9 % 利息》（Candice Choi: "Credit Card's Newest Trick: 79.9% Interest"）。美联社2009年12月17日电。

如果王蜀南的信用卡使用常规复利计息法，则7月份利息收费为：

$$月利息 = 每日平均账面余额 \times ((1+日利息)^{31}-1)$$
$$= 500 \times ((1+17.99\%/356)^{31}-1)$$
$$= 500 \times 1.5393\%$$
$$= 7.69（美元）$$

如果王蜀南的信用卡按照双循环计息法计算利息，用于计算利息的本金按照两个月的账目余额平均计算，则7月份利息收费为：

$$月利息 = 每日平均账面余额 \times ((1+日利息)^{31}-1)$$
$$= (1000+500)/2 \times ((1+17.99\%/356)^{31}-1)$$
$$= 750 \times 1.5393\%$$
$$= 11.54（美元）$$

如果信用卡账目数额变化不大，那么，双循环计息法对利息的影响则不会很大。但是，如果持卡人每月的信用卡账目数额变化很大，则双循环计息法会大大增加利息。

黄世仁和穆仁智们都知道，让杨白劳们借钱才可以有利可图，利上加利则更有赚头。而催债是个系统工程，催债的分寸和尺度把握需要很高的技巧，催得太急，逼死了杨白劳，吓跑了喜儿，信用卡用户宣布破产，黄世仁们就竹篮打水一场空；逼债太缓，杨白劳们不会把它当回事，效果也不会太好。利用现代金融知识和信息技术武装到牙齿的信用卡公司，比土地主黄世仁们要强上很多倍。现代的信用卡一般规定有每月最低付款额，既保证了让杨白劳们长期欠债，支付驴打滚利息，又让黄世仁们有理、有利、有节地催债，不至于竹篮打水地逼死了杨白劳。

大多数的美国信用卡公司要求用户每月支付信用卡账面余额的2%，作为每月最低付款额。如果账面余额的2%不足5美元，则规定最低付款额为5美元。在这样的制度设计下，信用卡用户只要保持每月偿付最低付款额以上的金额，就可以保持信用卡的正常使用和付款状态，不必担心追债公司的骚扰。不过，如果消费者每月只支付最低付款额，这个代价，对消费者却是不能承受之轻。比如一个普通的美国佬约瑟，有很好的信用记录，可以持有几张年利息12.99%的信用卡。如果约瑟在信用卡上欠款1 000美元，每个月只付账面余额的2%或者5美元的每月最低付款额，他需要十八年零五个月才能还清债务。这是因为除了1 000美元的本金以外，约瑟还需要支付978.74美元额外的利息。难怪MSN网站的财务专家说："信用卡债务往往比你的婚姻更长命。"虽然王蜀南还清信用卡债务只花了两三年时间，比一般美国人还债的时间短，不过这位仁兄的国际搬运婚姻，好像更短命。这再次印证了"信用卡债务往往比婚姻更长命"的命题。我们在美国的华人，常常取笑很多美国人不够精明，被信用卡公司欺骗。然而我们中国人在婚姻上的智慧，恐怕不很高明。这让人不得不承认，上帝对人很公平。

二十世纪四十年代的小说《围城》有这样一句话：情敌之间的思念要比情人之间的思念来得更多。二十一世纪的今天，不知道情人、情敌之间的彼此思念是不是还有那么长久，不过可以肯定的是，有一个人能在海枯石烂以后还对你念念不忘，那个人就是你的信用卡债主。你的恋人可能会忘记跟你的约会，你的丈夫或者妻子可能忘记你的生日，在这个世界上，每个月能按时精确地来信来电，风雨无阻地提醒你、告诉你"我们一直惦记着你"的，只有信用卡公司了。这样的忠诚，哪个恋人能够做到？对信用卡持卡人的每月最低付款额长久思念的，不仅有信用卡公司，还有很多政客。为了赢得选民的支持，美国总统奥巴马也急切地用信用卡法案来告诉大家，他常常想起这茬儿，在与民同乐（苦？）。奥巴马信用卡法案有专门的条款规定信用卡每月的最低付款额，他是想用政府立法来增加每月最低付款额，从而减少老百姓信用卡债务。当然了，大多数来自中国的 WSN 们可能会说，咱们比普通老美们更节约，只要不国际搬运来美女老婆帮忙刷爆卡，每个月肯定会付清信用卡账单，不会欠债去付驴打滚的利息。不知道 WSN 们是否真的比老美更少付利息，不过，明枪易躲，暗箭难防，即使除开信用卡利息，信用卡还有很多隐藏的费用让您上钩。

最常见的明枪是信用卡年费。比如美国运通卡、餐者俱乐部卡，以及各式各样的航空公司常旅客信用卡，都有每年50美元左右的年费。像王蜀南这样的 WSN 们为了攒航空公司里程，拼命刷卡赚回扣，每年交50美元的年费；而我们的帅哥，詹姆士邦德爵士，在巴哈马的赌场装酷，猛刷黑卡，英国政府约翰牛替他老人家每年支付的黑卡年费高达 2 500 美元。

年费好歹算是明枪，在申请信用卡的时候一般都会标明；而另外一些费用，则只能算是暗箭了。美国法律要求信用卡公司在合同里注明各种费用，信用卡公司常常把这些信息隐藏在用间谍密写级的特小号字体印刷的几十页的合同小册子里，一般的消费者基本上不会发现其中的奥妙。下面是几种常见的信用卡费用：

信用卡滞纳金（Late Fee）：如果每月信用卡偿还金额少于最低付款额，或者信用卡公司在每月还款截止日期内没有收到付款（哪怕只晚了一天），信用卡公司就会按照合同收取信用卡滞纳金。一般信用卡公司的信用卡滞纳金为29美元，或者39美元。目前在美国，信用卡滞纳金平均为34.45美元。有些信用卡公司还采用累进计算公式来决定滞纳金：比如账面余额少于100美元，滞纳金为15美元；账面余额少于250美元，滞纳金为29美元；账面余额大于250美元，滞纳金为39美元。美国信用卡公司发明的信用卡滞纳金，好像充分运用了圣经教导："凡有的，还要加给他，叫他有余；没有的，连他所有的，也要夺过来。"信用卡持卡人不能支付每月最低付款额，常常是因为收入减少，经济困难。信用卡滞纳金在已有的信用卡债务上再加上新的负担。不过，不信上帝的中国信用卡公司的老板们，恐怕也一样照搬信用卡滞纳金的经营方式——"没有的，连他所有的也要夺过去"。

由于美国信用卡滞纳金问题多多，美国政府最终出面干涉。2010年6月，在美国国会的干预下，美国联邦储备银行公布了信用卡滞纳金的规定，对信用卡公司收取的信用卡滞纳金的数额加以限制。对于一般信用卡持卡人，信用卡滞纳金最高为25美元；对于屡次拖欠信用卡付款的持卡人，信用卡滞纳金不得超过35美元。在此之前，美国信用卡滞纳金平均为38美元。[1] 在《华尔街日报》的一篇报道中，美国发现卡首席执行官大卫·内尔姆斯声称，由于信用卡滞纳金从39美元下降到25美元，美国发现卡每年将损失8 000万到9 000万美元利润。[2]

信用卡超额使用费（Over-the-Limit Fees）：如果信用卡刷卡

---

[1]《华盛顿邮报》（*Washington Post*）2010年6月15日文《联储限制信用卡滞纳金》（*Fed Caps Late Fees For Credit Card Payments*）。

[2]《华尔街日报》（*Wall Street Journal*）2010年6月24日文（Aparajita Saha-Bubna, Dow Jones Newswires: "Discover: Late Fee Curbs Will Have $80M-$90M Impact On Earnings"）。

和账面余额总计超过信用卡的信用额度,信用卡公司一方面可能会拒绝批准信用卡交易,另一方面也可能会收取信用卡超额使用费。目前,美国信用卡超额使用费平均为36.76美元。

最低使用额度费(Fee for not Spending Enough Each Year):据《芝加哥论坛报》报道,2010年2月,花旗银行向一些花旗银行信用卡用户去信,通知他们,从2010年4月1日起,如果这些信用卡持卡人每年刷卡金额少于2 400美元,花旗银行收取信用卡账户维持费,这个年费为每年60美元。[①] 这个收费条款让很多信用卡持卡人莫名愤怒:如果我们使用了贵公司的服务,贵公司收费,我们还可以理解;这里贵公司收费的原因是我们没有使用贵公司的服务。这个收费项目比黄世仁还要厉害。

信用卡转账费(Balance Transfer Fee):为了吸引新用户,或从其他信用卡公司那里抢生意,信用卡公司常常做促销,鼓励消费者把信用卡账面余额从竞争信用卡公司转移到本公司来。促销常常给出三个月、六个月,甚至更长时间的零利率优惠。不过,这些信用卡转账常常不声不响地收取2% – 3%的信用卡转账费。

信用卡保险费(Credit Insurance):发现卡发明了一种信用卡付款保护计划(Discover Payment Protection Plan)。购买这种保险的信用卡用户如果丢了工作,或者生了大病,信用卡会自动替用户支付每月最低付款额,直到信用卡持卡人找到新的工作或大病痊愈。这样的保险听起来人畜无害,不过看看它的保费,就会发现,它比黄世仁还黑心:每个月收取账面余额0.89%的费用,用复利公式转化为年实际利息是11.22%。更狠毒的是,这

---

① 《芝加哥论坛报》2010年2月19日文 ("Citibank's New $60 Annual Fee")。

种保险的最大受惠者是信用卡公司自身：一方面，信用卡公司收取了巨额的保费；另一方面，这个保险又减少了信用卡的拖欠和坏账。信用卡公司积极地推销这种保险，他们经常先给顾客三个月的免费试用期，三个月以后，很多顾客都忘记取消试用，信用卡就自动地把保险费用记在信用卡刷卡金额里，有的顾客如果不仔细看信用卡账单，根本就不会发现存在这样的费用。这种信用卡保险每年给信用卡公司带来数亿美元的利润。目前，几乎所有的美国大信用卡公司都有类似的产品。

这样的信用卡保险对信用卡公司可谓是百利而无一害，但消费者却往往被卖了，还在替人数钱。美国第十六任总统亚伯拉罕·林肯说过："你可能在所有的时刻欺骗某些人，你也可能在某个时刻欺骗所有的人，但你不可能在所有的时刻欺骗所有的人。"这样的信用卡保险对消费者没有什么利益可谈，而且因为利润可观，信用卡公司在推销这类产品的时候又不择手段。这样的劣迹，最终还是逃不过人民群众雪亮的眼睛。据《纽约时报》报道，在美国新泽西州，已经有律师发起"集体诉讼"（class action lawsuit），控告美国发现卡从事欺诈性商业行为。原告方控告发现卡在推销付款保护计划的时候，未经信用卡持卡人的许可，就擅自让持卡人购买这项保险，并自动从发现卡上扣除保费。原告方认为，发现卡和发现卡的代理机构，使用误导性销售手段，瞒天过海，促使信用卡持卡人签下合同，来购买这个本来不必要的保险计划。控方律师大卫·帕里斯先生说，在大多数情况下，发现卡持卡人在申请信用卡的时候，或者在与发现卡客户服务人员交谈的时候，会不知不觉地被误导，从而签下发现卡的付款保护计划合同。帕里斯先生说："有时候，甚至当你已经

告诉了发现卡的客户服务人员你对此不感兴趣,他们还是会说:
'那让我们给你邮寄更多的信息。'然后,根本不管你已经拒绝了
他们的促销,就单方面行动,让你加入这个保险计划。"《纽约时
报》在互联网上进行了一些调查,发现只要在互联网上搜寻关键
词"Payment Protection Plan",就会发现消费者的众多的投诉和
抱怨。当《纽约时报》希望采访发现卡的时候,发现卡的新闻发
言人声称,对此无可奉告。

当消费者使用信用卡付款的时候,一些信用卡公司还有很
多发财的花招。王蜀南就中过一次招。美国的信用卡公司常常推
出各种促销优惠,有一次在圣诞节前,王蜀南就收到信用卡公司
的一封促销信,说在圣诞节期间,如果使用这家公司的万事达卡
在餐馆消费,刷卡金额将享受六个月的零利息优惠。爱贪小便宜
的王蜀南马上就上了钩。过节的时候,在外面请客吃饭都用这张
卡。到了月底,信用卡账单来了,透支金额一共是800多美元,
餐馆的消费是300多美元。王蜀南想,既然这300美元是六个月
零利息优惠,那就应该等到六个月以后再还清这300美元。因
此,他写了张500美元的支票,寄回给信用卡公司,算是支付这
个月除零利息优惠金额以外的付款。到了第二个月,王蜀南收到
信用卡账单一看,吓了一跳,上个月剩下的那300美元,居然被
按照通常的17.99%的利率,收取了4.62美元的利息。

王蜀南具有中国留学生锱铢必争和数学成绩好的双料优点,
作为博士生的他又非常执着(或者说是固执),颇有他在国内的
导师张老教授的遗风。张老是国内学术界泰斗级的人物,以研究
复杂的数理模型而著称。有一次,张老到市中心购物,回到燕园
自己小屋的时候,忽然发现,商场的售货员多收了五块钱。数理

意识特强的张老哪里咽得下这口气：我们搞数理模型，从来就是讲求计算的精确，现在连算个账都搞错了，这事传出去还得了？于是，张老教授马上出门打车，回到了城里的那个商场，和售货员据理力争，退回了多收的五块钱。筋疲力尽的张老得胜归来，一路打车回到了燕园。那时候，北京的"大发"面的还挺便宜，从海淀到城里单程大概20多元人民币。这一来一回，就花了将近50块钱。不过，张老觉得这是必要的开支："我们一辈子和数字打交道，不能容忍任何数字上的不精确。"名师出高徒，王蜀南也觉得四美元虽少，精确计算的原则却不容玷污。于是王蜀南拿起电话，拨通了信用卡公司客服的号码。

客服电话是免费的1－800号码，而且一拨就通。不过电话打通以后，却没有真人说话。美国公司为了节省成本，在电话客户服务中，广泛地使用电脑录音。王蜀南一拨通信用卡客户服务电话，马上就听到一个完美的电脑女声：

"下午好，欢迎致电XX信用卡公司。如果您说英语，请按1；如果您说西班牙语，请按2……"

"请输入您的16位信用卡号码……"

"请输入您的邮政编码……"

"查询信用卡账户余额，请按1；查询本月信用卡消费金额，请按2；查询本月最低付款金额，请按3；……；重复以上信息，请按9……"

听了N段电脑录音，按了无数次的电话选择键，十几分钟以后，王蜀南终于和一个真人客户服务员说上了话。不过，这位客户服务员操一口印度英语，大概在世界客服外包中心——印度班加罗尔上班。王蜀南在电话这边闭目凝神，拿出当年考托福的功力,终于听懂了客户服务员印度英语的解释。

原来这家信用卡公司有个规定,如果一张信用卡里有不同利息的账户余额,当收到付款的时候,款项将先用于付清低利息的账户余额欠款。所以,当王蜀南支付500美元给信用卡公司的时候,这笔付款先付清了零利息的300美元餐馆消费金额,然后又付清了200美元的其他账户余额,这张信用卡还剩300美元的账户余额,按照通常的17.99%的利率计算利息。因此,这个月的利息应该是4.62美元。在电话上浪费了将近四十分钟的王蜀南,挂上电话,拿出支票本,以最快的速度写了张支票,全部付清了信用卡上的300美元欠款余额。

在各种名目的信用卡利息和费用的明枪暗箭之下,大多数美国杨白劳们的信用卡债务以驴打滚的速度递增。然而,大多数美国杨白劳们不能像王蜀南一样潇洒地付清信用卡债务,他们中的许多人常常十几年如一日地背着几万美元的信用卡债务。很多人到后来甚至无法支付最低付款额,只好拖欠债务(delinquency)、冲销坏账(charge-off),甚至申请个人破产(personal bankruptcy)。幸好美国有一套很好的破产法,欠债不还的破产杨白劳们不仅没有牢狱之灾,债主银行家们也不敢打喜儿们的主意。在法庭裁定破产以后,杨白劳们还可以勾销债务,卷土重来。听到这里,中国的信用卡奴杨白劳们肯定对美国充满了向往。不过且慢,"自由社会"不仅有让人勾销债务的破产法,还有一套无处不在的"档案制度",记录下杨白劳们欠的每一笔债——几分几厘和每次躲债的年月日时。这本变天账确证了欠债不还的美国杨白劳们在十年以内不得翻身,也成功地威慑了心存侥幸的候补美国杨白劳们,让他们按时支付利息,不至于拖欠债务。通过《读者文摘》和《美国之音》了解美国的朋友们恐怕会有疑问：自由民主的美国不是最讲求保护个人隐私吗？难道每个美国人的个人金融信息都被记录下来了吗？回答这个问题，还得从自由民主的美国给每个成年美国人建立的一个特殊的档案说起。

第六章

资本主义制度下的档案制度
个人信用征信记录和信用分数

> "机关、团体、企业事业单位和其他组织必须按照国家规定，定期向档案馆移交档案。"
>
> ——《中华人民共和国档案法》第十一条

王蜀南小时候有多动症倾向，在课堂上不守规矩，不把双手放在背后，外加上课经常交头接耳，所以在学校常常被罚站、请家长、写检查。老师们警告他："你写的检查，你的操行评定会被记在档案里，跟你一辈子的……"来自档案的威胁，在王蜀南幼小的心灵里留下很大的阴影。王蜀南对档案记录常常有这样的恐怖想象：在高大阴森的政府大楼里，穿着黑色皮夹克的工作人员，面无表情地打开带着香樟木味的档案柜，从里面取出一个厚厚的卷宗，卷宗上面用黑体字大写着"保密"字样。黑色皮夹克抽出一张纸，念到："王同学从小目无尊长，无视纪律，破坏秩序……"

直到快出国的时候，为了办护照，王蜀南被要求注销户口，上缴身份证。因为没有了挂靠单位，档案也无家可归。后来王蜀南打听到，没有单位的人可以交纳200元人民币，把档案存到北京市海淀区人才交流中心。王蜀南赶快到原单位把自己的档案提出来。第一次拿到自己档案的王蜀南，发现居然是薄薄的一个大信封。王蜀南拿着它，还有点怀疑："我当年写了那么多检查，这个信封怎么装得下？难道时代进步了，都改存光盘了？"王蜀南骨子里目无尊长、无视纪律的基因又开始膨胀，于是悄悄地用刀片把档案袋拆开。结果非常之令人失望：档案里除了八股连篇的中学、大学毕业鉴定，入团证明，大中学成绩单以外，别无他物。王蜀南心里的敬畏感，顿时轰然倒下。

在二十世纪九十年代，每天晚上窝在被窝里听美国之音的北大清华学生，都一致认为，美国是世界上最自由的国家：在美国，人们的自由和隐私都受到美国法律的完美保护。然而，来到美国之后，王蜀南才发现完全不是这么回事，自由民主的美国却存在着一个无所不在的档案制度，它时刻监视着几乎每一个美国人在个人金融活动上的一举一动。

王蜀南刚刚到美国的时候，在威斯康星大学的校园里填了一份发现卡的申请表，赚了一件免费的T恤衫。然而，期待了几个星期，却等来了一封拒绝信。这封发现卡公司寄来的信，详细介绍了拒绝申请的原因：发现卡在美国通过一家信用征信局（Credit Bureau）——环联信息公司（Trans Union），查询了王蜀南的个人信用征信报告，发现王蜀南的信用记录几乎为零。对于一个没有任何历史记录的顾客，信用卡公司不会轻易给他发放信用卡。通过这封信，王蜀南才知道，美国有信用征信局这么一个东西。信用征信局保存每个美国成人的称为信用征信记录（Credit Report）的档案。信用征信记录包括个人金融信贷的各个方面的历史。银行和其他金融机构可以在信用征信局查找到每一个人的信用记录。消费者自己也可以到信用征信局索取自己的个人信用记录报告。后来，王蜀南进入美国信用征信局环联信息公司工作，才发现美国的信用记录报告比中国的档案要详细很多倍，美国人在金融信贷上根本没有什么隐私。通过大型计算机数据库和网络，美国的信用征信局对个人信用记录能够实现实时监控；美国的银行和信用卡公司也能在一两秒之内从信用征信局查询任何人的个人信用记录。更厉害的地方是：美国有三家大的信用征信局，每家都收集每一个美国人的个人信用记录！

美国的三大信用征信局收集汇总个人信用记录。但是这三大信用征信局都非常有美国特色：三家全都是私人营利性公司机构。这些信用征信局的历史也非常有意思，代表了美国商业发展的轨迹。王蜀南工作过的环联信息公司，是美国普利兹克家族（Pritzker family）拥有的私人企业。如果你对普利兹克家族不熟悉，您该知道世界上建筑行业和艺术界最著名的普利兹克奖（Pritzker Award）吧？那就是普利兹克家族赞助的。如果你连普利兹克奖也不知道，总该知道凯悦饭店吧？凯悦饭店是普利兹克家族100%控股的企业。皇家加勒比邮轮公司也由这个家族控股。普利兹克家族目前资产额超过160亿美元，美国排名前四百的亿万富翁里，姓普利兹克的至少有十一个。[1] 环联信息公司也是普利兹克家族拥有的企业之一。普利兹克家族旗下有个成立于上世纪五十年代的马门集团，经营冶金机械制造业。马门集团在制造业的业务中，用到很多铁路油罐车，因此就收购了一家铁路

---

[1] 福布斯公司："The Richest People In America", http://www.forbes.com/2009/09/30/forbes-400-gates-buffett-wealth-rich-list-09_land.html.

油罐车租赁公司——联合油罐车公司。在租赁业务里，公司常常调查客户信用状况，与库克郡信用征信局打交道。由于这方面的开支太大，联合油罐车公司后来干脆收购了库克郡信用征信局。上世纪七十年代的库克郡信用征信局，还是一家私营的小公司，使用十几个铁皮档案柜，用手工收集、汇总和管理芝加哥地区库克郡居民的个人信用征信记录。联合油罐车公司收购库克郡信用征信局之后，逐渐把信用记录收集的范围扩大到芝加哥库克郡之外，后来又把网络扩展到全美国。这个公司的名字也改成了环联信息公司，目前每年的营业额高达十几亿美元。2005年，环联信息公司从从事制造业的马门集团里分离出来。2008年，原来的马门集团的大部分股权，被来自奥马哈市的先知股神沃伦·巴菲特拥有的伯克希尔哈撒韦公司收购。美国另外两家信用征信局Experian 和 Equifax，也是从地方性小公司成长起来的。Experian发源于加州，Equifax 发源于亚特兰大。直到现在，环联信息公司在美国中西部的市场份额领先，Equifax 在美国南部的业务领先，而 Experian 在美国西部占有更大的市场份额。不过，现在这三家信用征信局都覆盖全美国，他们的个人信用记录报告都有统一的格式和内容。而且，三家公司也都向全球扩展业务。

一份普通的美国个人信用记录报告包括下面的内容：

个人身份信息：姓名、曾用名、社会保险号、现地址、前地址、配偶姓名、雇主、前雇主。

法庭记录信息（Public Record）：破产记录（保持过去七至十年的记录）、刑事案件法庭裁决、税务拖欠记录。

拖欠债务托收记录（Collection Record）：记录过去两年每一项拖欠债务托收记录，每个记录包括：债权人信息、拖欠债务金额余额、债务催收付款金额。

信用账户历史记录（Credit Trade History Record）：记录消费者所有的信用账户的信息，包括：房屋按揭、车贷、信用卡、购物分期付款贷款、个人金融贷款、水电气电话费付款记录、助学贷款。每一个信用账户的信息包括：贷款金融机构名称、账户号、开户时间、信用额度、目前账面余额、历史最高账面余额、规定分期付款次数、本月付款金额、过去四十八个月每月付款状态（按时支付、拖欠、拖欠月数……）、历史最差拖欠记录（拖欠月数）。

信用查询记录（过去两年的所有记录）（Credit Inquiry Record）：分两类，一类是个人信用申请记录：该消费者在何时、向何家金融机构申请过贷款或其他金融账户。另一类是金融机构对该消费者的查询记录。

这样的个人信用记录，详细记录消费者每个月的信用消费和还款行为。环联、Equifax，以及Experian这三家私立公司，记录了美国主流社会的每个成人的信用记录。几乎美国所有的银行、信用卡公司及其他的金融机构、水电煤气电话公司、催债托收公司，每个月都向这三家信用征信局汇报每个消费者的信用消费和还款记录。信用征信局汇总这些信用报告，再加上公开的法庭判决记录和税务拖欠托收记录，形成个人信用记录报告。各个汇报信用记录的金融机构和其他公司，从信用征信局获取信用记录，判断预测消费者的信用风险。这样的商业模式大概是世界上最好的：信用征信局免费从银行金融机构那里取得消费者的金融贷款记录，加以汇总以后，再卖回给银行金融机构。信用征信局处在这个行业的垄断位置，已有的这三家信用征信局覆盖全美国的消费者，几乎不可能有新的竞争者进入这个已经是寡头垄断的行业。

出售信用记录报告是信用征信局最基本的业务。信用征信局和金融机构还以信用记录为原始资料，通过各种统计模型来预测消费者的信贷风险。最有名的个人信贷风险模型就是"FICO 信用分数"了。"FICO 信用分数"是美国消费信用评级的最权威的标准，也是 FICO 公司的摇钱树。FICO 公司全名叫"Fair, Isaac and Company"，中文译名为费埃哲公司。和众多的西方公司一样，费埃哲公司的名字来源于公司的两位创始人：比尔·费尔和埃尔·以撒。

▲苏联克格勃 PK 美国信用征信局。

东西方文化的一个区别是：西方人越是对谁尊重，就越是成天把谁的名字挂在嘴边。美国的城市都有条华盛顿大道。有共和党人为了表示对小乔治·布什总统的尊重，把自己的儿子取名叫乔治。也有民主党人为了表示对贝拉克·奥巴马总统的喜爱，把自己的爱犬改名叫贝拉克。美国很多大公司都以创始人的名字命名。所以，这些名字也成了美国人生活的一部分。美国人典型的日常生活是：开着福特车到华盛顿大街去吃麦当劳。然而，在中

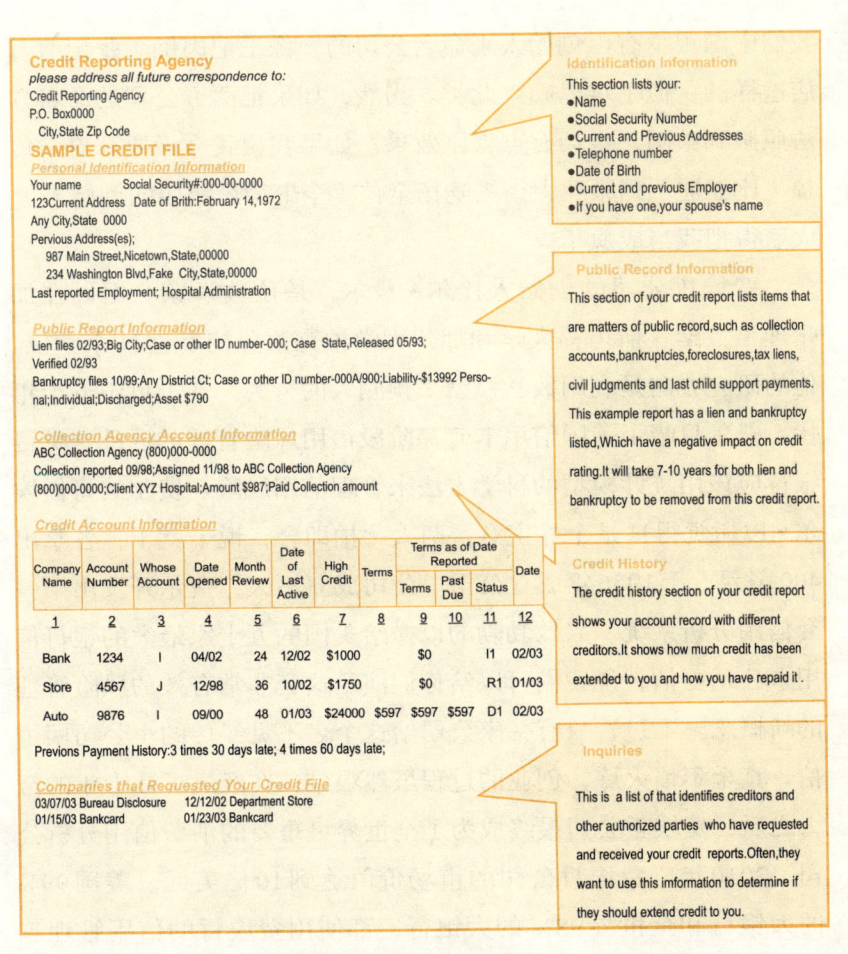

资本主义制度下的档案制度 077

Credit Reporting Agency
please address all future correspondence to:
Credit Reporting Agency
P.O. Box0000
City,State Zip Code

SAMPLE CREDIT FILE
Personal Identification Information
Your name　　　　Social Security#:000-00-0000
123Current Address　Date of Brith:February 14,1972
Any City,State　0000
Pervious Address(es);
　987 Main Street,Nicetown,State,00000
　234 Washington Blvd,Fake City,State,00000
Last reported Employment; Hospital Administration

Public Report Information
Lien files 02/93;Big City;Case or other ID number-000; Case State,Released 05/93;
Verified 02/93
Bankruptcy files 10/99;Any District Ct; Case or other ID number-000A/900;Liability-$13992 Personal;Individual;Discharged;Asset $790

Collection Agency Account Information
ABC Collection Agency (800)000-0000
Collection reported 09/98;Assigned 11/98 to ABC Collection Agency (800)000-0000;Client XYZ Hospital;Amount $987;Paid Collection amount

Credit Account Information

Company Name	Account Number	Whose Account	Date Opened	Month Review	Date of Last Active	High Credit	Terms	Terms	Past Due	Status	Date
1	2	3	4	5	6	7	8	9	10	11	12
Bank	1234	I	04/02	24	12/02	$1000		$0		I1	02/03
Store	4567	J	12/98	36	10/02	$1750		$0		R1	01/03
Auto	9876	I	09/00	48	01/03	$24000	$597	$597	$597	D1	02/03

Previons Payment History:3 times 30 days late; 4 times 60 days late;

Companies that Requested Your Credit File
03/07/03 Bureau Disclosure　　12/12/02 Department Store
01/15/03 Bankcard　　　　　　01/23/03 Bankcard

Identification Information
This section lists your:
● Name
● Social Security Number
● Current and Previous Addresses
● Telephone number
● Date of Birth
● Current and previous Employer
● If you have one,your spouse's name

Public Record Information
This section of your credit report lists items that are matters of public record,such as collection accounts,bankruptcies,foreclosures,tax liens, civil judgments and last child support payments. This example report has a lien and bankruptcy listed,Which have a negative impact on credit rating.It will take 7-10 years for both lien and bankruptcy to be removed from this credit report.

Credit History
The credit history section of your credit report shows your account record with different creditors.It shows how much credit has been extended to you and how you have repaid it .

Inquiries
This is a list of that identifies creditors and other authorized parties who have requested and received your credit reports.Often,they want to use this immformation to determine if they should extend credit to you.

美国个人信用征信报告范例

资料来源：http://solvingcreditproblems.com/。

国的文化中，对谁越尊重，却越不敢提谁的名讳。五代时有位老先生叫冯道，做过六个皇帝的宰相，学生遍布天下。做学生的当然要避老师的名讳，所以每次读《老子》的时候，读到"道可道，非常道"的时候，都得念成"不敢说，不敢说，非常不敢说"。

我们中国很少有以创始人来命名公司的。像王记肉铺、张记剪刀店这样的，似乎难以归入此类。当然，如果把西方公司的命名方法照搬到中国，也会有点喜剧效果。如果我说我今天要开着王传福（比亚迪）到康熙大街去吃杨全仁（全聚德烤鸭店的创始人），大家得把我当成疯子。

费埃哲公司的创始人比尔·费尔，是位数学家。据说在加州理工大学、斯坦福大学和加州大学柏克莱分校拿过 N 个学位。他的研究方向是利用数学模型来预测人的行为。在上世纪五十年代，费尔目睹了美国信用卡萌芽阶段信用风险管理的混乱，觉得银行应该用统计模型的科学方法来管理信用风险。费尔的哥们埃尔·以撒觉得这是个好主意，两人一拍即合，说干就干，各拿出400美元，于1956年成立公司。公司成立不久，费尔开发出第一套信用分析系统。兴致勃勃的以撒给美国的五十家最大的银行信用卡公司写信，说我们可以给你们演示这套非常有效的风险管理的新概念。不过，只有一家公司给这个名不见经传的小公司回了信。真金不怕火炼，创业的过程虽然艰难，在经过了几十年的努力之后，费埃哲公司最终成为了全世界最重要的消费信用分析公司。2010年，费埃哲公司的市场价值达到10亿美元。美国99%的大银行和全世界98%的大银行，都使用费埃哲的信用管理工具，公司核心产品的名字就叫"FICO 信用分数"。

"FICO 信用分数"是一个数值从300到850的分数，分数越高表示个人信贷风险越小。60%的美国人的"FICO 信用分数"在650和799之间，其中的中位数在723。"FICO 信用分数"35%取决于还款历史（payment history），30%取决于信用额度使用比例和欠款金额（utilization），15%取决于信用记录历史长短，

10% 取决于所使用的信贷类型（房贷按揭常常表明比高利息个人金融贷款更好的信用记录），10% 取决于消费者申请信用的频繁程度。[①] 王蜀南在美国上学，发现很多美国同学从来不把考试分数当回事，对信用分数却非常介意，因为它和每个人的利益息息相关。信用分数可以决定消费者是否可以得到贷款，还可以决定贷款利息的高低。一般来说，如果一个消费者的"FICO 信用分数"在 750 以上，就表明他有比较好的信用记录，信贷风险较小，他一般就能够申请得到大多数的信用卡，以及车贷、房贷按揭。如果一个消费者的"FICO 分数"低于 640，他就会被归入另类，一般很难取得正常的贷款，即使有银行愿意贷款给他，也会收取很高的利息。这一类贷款，从 2008 年起，变得全世界人民家喻户晓了，它们有个响亮的名字——次贷（sub-prime lending）。

35% 还款历史
15% 信用账户数
10% 使用信用的年限
10% 新开立信用账户
30% 正在使用的信用类型

美国信用征信记录的"FICO 信用分数"的计算。
资料来源：费埃哲公司，http://www.myfico.com/。

美国的个人信用记录制度和信用分数对美国消费信贷的飞速发展功不可没。依靠这样一个高效、全面的信用档案体系，金融机构极大地减少了个人信贷的风险。在上世纪八九十年代的中国，皮包公司盛行，职业忽悠家满天飞。赵本山连年在春晚卖

[①] 资料来源：费埃哲公司，http://www.myfico.com/crediteducation/whatsinyourscore.aspx。

拐，创造了在相同行业，针对同一行骗对象，周期性行骗成功的世界纪录。不过，大多数的职业忽悠家一般采用打一枪换一个阵地的游击战术。中国地方大，骗子在这里的银行借了钱跑掉，可以到另外的银行继续忽悠；在一个城市搞坏了名声，还可以跑到别的城市继续行骗。然而，在美国的信用记录制度下，这样的不怕疲劳连续作战的行骗机会却很难：银行只需一两秒钟，就可以调出每个美国人的信用记录，包括七年以内的破产记录，两年以内的欠债催收记录，二至四年的还款记录，个人历史上所有的刑事犯罪法庭记录，以及两年以内的信用申请记录。

在上世纪六七十年代的中国，各个单位的人事处、组织部花费巨大的人力物力进行内查外调，以确保单位革命职工的背景纯正，杜绝混入革命队伍的阶级敌人。如果大家读过一些伤痕文学，就会发现，中国的一些知识分子深受其害，对此怨声载道，认为改革开放以后废除这套东西绝对是个德政。这一套背景调查制度在改革开放后的中国已经逐渐式微，不过，在民主自由的美国却方兴未艾。几乎所有的美国雇主在招聘的时候，都会审查雇员的信用记录和犯罪记录。据美联社报道，80%的美国公司对员工进行犯罪记录背景调查。[1] 有不良记录的人一般不会得到很好的工作。王蜀南还记得有一道 GRE 逻辑题是这么说的："统计数字表明，美国的罪犯在刑满释放后，大多数会再犯罪；但是，金融犯罪的白领在刑满释放以后，却很少会有再犯的记录。请分析原因。"正确答案为："美国几乎所有的工作，都要求背景调查和毒品检测。在上班之前，一般正规的公司都要求员工做信用背景调查、犯罪记录调查和尿液检测毒品。白领工作人员一旦有了犯

---

[1] 美联社2004年3月8日报道（Adam Geller: "High-tech Background Checks Hit Stores"）。

罪记录，几乎不可能再被雇用，更不用说重新进入金融行业，因此，他们没有机会再进行金融方面的犯罪。"国内的一些媒体经常讨论素质问题，说美国人素质高什么的，他们大概不知道美国档案的厉害。一般人一旦有了不好的信用记录和犯罪记录，很多年都难以翻身，所以，大家都比较爱惜自己的羽毛。

很多美国公司在雇用员工之前，也进行个人信用征信记录调查。据《美国新闻与世界报道》杂志报道，40%的美国雇主对应聘者进行信用记录调查。这些雇主调查应聘者的个人金融状况，如果应聘者有破产记录、严重的拖欠贷款的行为，或者信用欺诈等不良的信用记录，雇主可以以此为理由，拒绝雇用应聘者。更有甚者，有的公司还查看应聘者的信用记录，如果应聘者过度使用百货公司信用卡购物，拖欠信用卡债务，这些公司会得出结论，认为应聘者缺乏自制能力，不会胜任将来的工作。很多美国的雇主认为，如果员工不能很好地理财，那就没有很好的工作能力。目前，美国的失业率接近10%，很多失业的美国人陷入了一个怪圈：他们没有工作，所以个人的财务状况一团糟，个人的信用征信记录也变得很差；然而，很多公司拒绝聘用信用记录不好的应聘者，因此这些失业的人往往又找不到工作。[①] 所谓的个人的隐私权利和自由，在美国的公司文化里显得异常苍白、脆弱。

由于美国个人信用征信记录的高效和信用风险模型对信贷风险的有效预测，美国的金融机构的信贷审批效率普遍比较高。大银行和信用卡公司可以在几秒钟之内完成信用卡、车贷和其他消费信贷的审批。如果资料手续齐全，银行在一天以内可以完成房

[①]《美国新闻与世界报道》(*US News and World Report*) 2009年7月29日报道 ("Should Your Credit Report Cost You a Job？")。

贷按揭的批准。对于不同风险的消费者，金融机构还可以给予不同的利息和信用额度，这样既可以减小损失，又可以增大利润。对于遵纪守法的消费者来说，这带来便利和优惠。在国内，中央银行规定所有的房贷按揭统一利息，不论个人风险大小，利息都是一样的。对于按时付款、从不赖账的低风险消费者来说，他们实际上是在补助高风险欠债不还的消费者。在美国，信用分数750以上的消费者可以得到利息低于5%的按揭；而信用分低于640的消费者则可能被要求支付10%以上的按揭利息。经过2008年的次贷风暴以后，很多银行基本上不再给信用分数720以下的消费者发放按揭贷款了。

所以，对于消费者来说，保持良好的信用记录非常重要。信用记录不仅决定信贷的成本（贷款利息），有时候还决定人们是否能够取得按揭、车贷和信用卡。我们常常说美国社会很讲信用，这样的信用并不只是建立在人的素质的基础上，还建立在全面的信用记录监控机制之上。在国内常听人说骗子多，是因为国内的一锤子买卖太多。骗子张三在北京干了一票，换到上海，又是一条好汉。而在美国，则有一个全国联网的个人信用征信记录体系，通过每个人的姓名和社会保险号，就可以追踪任何人的信用记录。老骗子伯纳德·麦道夫上午在纽约作案事发，不到下午，全美国就都知道他老人家的行径了。建立在信用记录基础上的奖惩分明的信用决策机制，让人们明白违反规则的沉重代价，促使人们按游戏规则来行事，从而减少全社会的风险成本。

第七章

从手工压单到 POS 机刷卡
信用卡网络和信用卡公司的盈利模式

> "天下熙熙，皆为利来；天下攘攘，皆为利往。"
> ——司马迁《史记·货殖列传》

如果说金融交易计算机化促进了信用记录体系的全面建立和完善，那么金融交易的信息化和网络化，则促成了信用卡交易的几何级增长。各位如果有机会在上世纪八九十年代的中国，或者五六十年代的美国刷卡消费，就会知道网络化之前的信用卡交易是何等烦琐。

在电脑网络化之前，使用信用卡恐怕不能叫做刷卡，因为那时候既没有 POS 刷卡机，也没有互联网和金融业的专业网络，信用卡交易信息不能及时地传输到银行和信用卡公司。九十年代末，王蜀南在上海的一家三星级小宾馆就有幸这样"刷"过一次卡。王蜀南那次回国，专程到上海去逛著名的襄阳路市场。王蜀南到上海的那天，正好是一个星期天。在慕名已久的熙熙攘攘的襄阳路市场上，王蜀南发现无数的便宜货，顿时两眼放光，在三

刷卡　　084

个小时内把身上的人民币花得一干二净。拎着大包小包的王蜀南从襄阳路出来，身上只剩下几十元人民币、两张美国的信用卡和自己带回来的美元。所以，王蜀南试图先找家银行去把随身带的美元兑换成人民币，然后再去找一家酒店住下。哪知道上海的银行，都早已实行了北美通行的银行业标准：星期天不营业。上海的中国银行的门外，照例站立着一排炒卖外汇的打桩模子。① 打桩模子看见王蜀南的眼镜片加土气穿着，一眼就认出这是个回国留学生，立即上来拉生意："外汇有伐？"王蜀南停下来，询问美元兑换的价格。当打桩模子给他开出一比六的"优惠"汇率时，王蜀南心想，这家伙也太乘人之危了。正在踌躇着，忽然看见旁边有一家三星级小宾馆，门口贴着维萨卡和万事达卡的标志。王蜀南心想，天助我也！赶快摆脱了打桩模子的纠缠，进了这家宾馆。王蜀南先问是不是收信用卡，当得到肯定回答的时候，就递上了自己的花旗银行万事达白金卡和护照。

　　前台一位冷若冰霜的服务小姐，先仔细对照了护照和信用卡上的名字，然后开始审视王蜀南的面容和护照照片。瞪了王蜀南足足三十秒钟之后，人家还是照样按照标准程序给王蜀南刷卡登记住宿。冰霜小姐拿出一个专门的带有碳素复写功能的装置，这个装置叫做压单机。冰霜小姐先把王蜀南的信用卡放在这个装置的平版凹槽上，再放上一张专用的信用卡交易复写单据，然后拉动一个手柄，把信用卡上凸起的卡号和姓名复写在信用卡交易单据上。冰霜小姐把复写的单据递给王蜀南，请他在单据上签名，然后再核对单据上的签名，确保和信用卡背面的签名一致。确认

---

① 打桩模子，上海话原意为"站在街头的人"，指上海的街头掮客，搞投机倒把、炒卖外汇、证券及贩卖外国香烟的人。

无误之后，冰霜小姐又再一次核对了护照上的照片，并对护照进行了复印。在冰霜小姐白眼仁居多黑眼仁居少的冷眼扫视下，王蜀南好不容易完成了住宿登记，赶快抓了钥匙逃离。这次刷卡，不对，应该叫压卡的经历，让王蜀南觉得没有POS机的信用卡消费过程异常缓慢。当然，这样的老式信用卡手工压单所涉及的幕后交易就更慢、更复杂了。每天晚上，宾馆需要汇总所有的信用卡交易复写单据，缴纳到相关的银行；银行再汇总这些单据，邮寄到万事达或者维萨信用卡网络；信用卡网络再汇总这些交易数据，传输到信用卡的发卡银行；发卡银行在持卡人账户上记录这些交易，提取金额。然后，交易金额再从相同的途径一步步旅行回来，最后支付给像这家宾馆一样的商家。这个烦琐的过程，加大了信用卡交易的成本和风险。所以，在上世纪八十年代之前，银行只给少数有钱人发放这样成本昂贵的信用卡。在信用卡交易电子化、网络化以后，信用卡才得到真正全面的发展。

信用卡电子网络化以后，消费者只需要在商家的信用卡POS刷卡机上刷卡，再在自动打印的单据上签名即可完成交易。王蜀南2005年再次到上海的时候，刷卡的经历就愉快得多了。宾馆前台服务员接过王蜀南的信用卡，直接在POS刷卡机上就完成了刷卡，POS刷卡机自动打印出信用卡交易单据，交给王蜀南签名，十几秒钟就完成了刷卡过程。王蜀南觉得这次的宾馆前台服务员处理这一切的过程是那么娴熟，服务过程都充满了微笑。

美国的很多超市和连锁店，为了提高刷卡的效率和减少成本，把POS机打印信用卡交易单据这个过程也简化了。比如在美国最大的零售商沃尔玛，收银员扫描完所有的商品，收银机算出顾客的购物金额之后，顾客可以在POS刷卡机上自己刷卡。

特制的POS刷卡机的屏幕上会显示出信用卡交易被批准的信息。然后POS刷卡机会显示出一个签名的空当，顾客可以用POS机附带的专用磁性笔在POS机的屏幕上签字。这样，沃尔玛就不需要打印和保持纸质信用卡交易单的签字，顾客的结账付款的时间也会更加短。顾客可以节省更多时间，沃尔玛也能更有效率。最近，大型连锁店在简化刷卡过程上又进了一步。塔吉特和华格林这两家零售商对30美元以下的信用卡刷卡交易，连签字的程序也都取消了。

刷卡交易，对于消费者来说，变成了几秒钟的一个异常简单的行为。然而，当王蜀南进入信用卡行业后才发现，这几秒钟的交易，涉及至少四五家公司、两三个风险管理模型和信用欺诈预测模型、数千英里的数据交换。比如王蜀南第一次在华格林药店刷卡买东西只花两三秒钟，这两三秒钟却包含很多的信息：当王蜀南在信用卡POS刷卡机上刷卡时，POS刷卡机从信用卡磁性条码上读取了16位的信用卡号和持卡人姓名。POS刷卡机把信用卡号和交易金额通过电子信息交换通道（一般商店通过电话线传输，一些大的连锁商店则有专用的联网通道）传输到华格林的信用卡交易获取银行（Acquirer Bank），信用卡获取银行通过的信用卡号，识别出这是一张万事达卡，交易信息马上又被传输到信用卡网络（Card Association）——万事达卡的全美信息处理中心。万事达卡信息处理中心接收到交易信号后，万事达卡的信用欺诈模型自动分析这笔交易的金额、商家、持卡人、交易地点时间，判明这个交易不是一个信用卡欺诈事件，因此，立即批准了这个交易。与此同时，通过卡号，万事达卡识别出信用卡发卡银行是威斯康星大学信用社，因此交易信息又被传输到威斯康星大学信用社的信用卡电子交易信息处理中心。(威斯康星大学信用社这样的小银行一般没有自己专门的信用卡信息处理中心,它们一般把这样的业务外包到一些专业公司。而像花旗银行这样的大银行都有自己专门的部门来处理这样的业务。)威斯康星大学信用社的信用卡信息处理中心的电脑,在得到这个交易信息后,自动核对数据库里王蜀南的信用卡账户记录,发现王蜀南的信用卡上尚有500美元的信用额度。对比交易金额8.75美元和500美元信用额度,处理中心的信用风险模型和反欺诈模型批准了这一个交易,因此,信用卡信息处理中心发出了交易授权(Authorization)。这个交易授权又经过万事达卡,传到信用卡交易获取银行,再传输到华格林药店的POS刷卡机和收银机上。得到交易授权许可的POS刷卡机打印出信用卡收据。华格林的收银员要求王蜀南在收据上签字,然后再核对收据签字和信用卡背面的签名。必要时收银员还要核对持卡人的驾驶执照等身份证明。这样,信用卡交易的第一步就完成了。

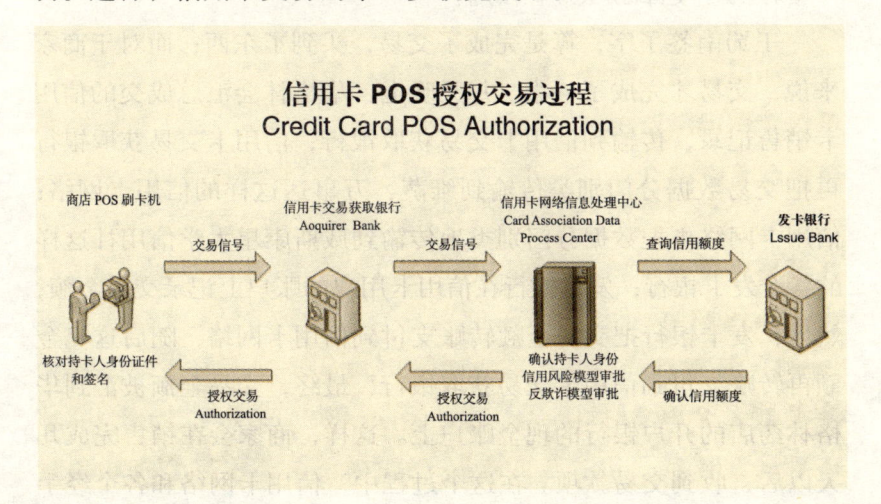

信用卡 POS 授权交易过程
Credit Card POS Authorization

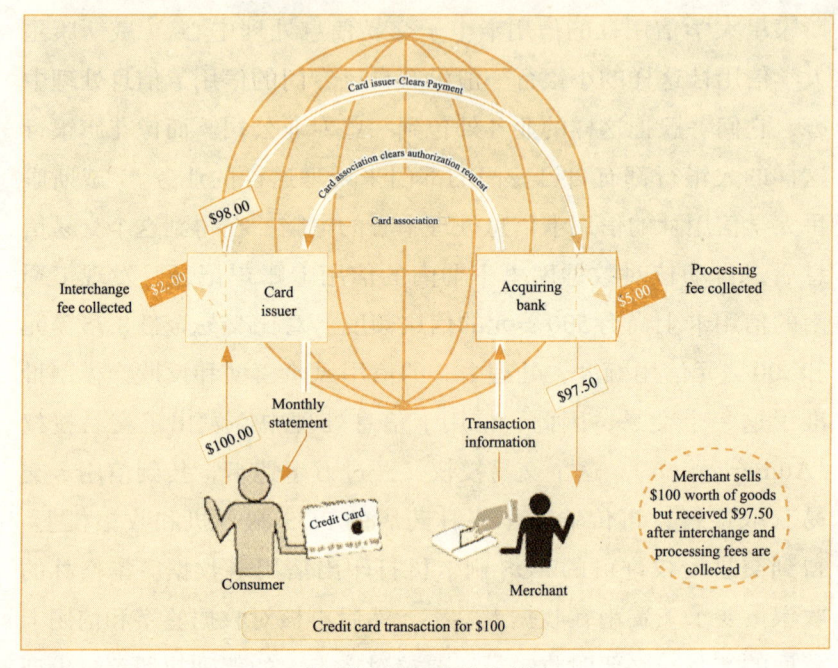

美国信用卡交换费示意图

资料来源：美国联邦政府审计总署。

  王蜀南签了字，算是完成了交易，买到了东西；而对于商家来说，交易才完成了一半。每天晚上，华格林会汇总成交的信用卡销售记录，传输到信用卡交易获取银行；信用卡交易获取银行再把交易数据分门别类传输到维萨、万事达这样的信用卡网络；信用卡网络再把数据分门别类地传输到威斯康星大学信用社这样的各个发卡银行；发卡银行在信用卡用户的账户上记录交易金额；然后，发卡银行把交易金额转账支付到信用卡网络，随后这笔金额再转账支付到信用卡交易获取银行，最终，交易金额被汇到华格林药店的开户银行的现金账户上。这样，商家会在销售完成几天以后，收到交易款项。在这个过程中，信用卡网络和各个经手银行要收取2.25%—2.75%的商家手续费（Merchant Fee）。

美国联邦政府审计总署（Government Accountability Office, GAO）曾经对商家手续费进行过调查，发现美国信用卡的商家手续费平均为刷卡金额的2.5%左右。其中2%的费用被称为交换费（Interchange Fee），由发卡银行（Issue Bank）和信用卡网络收取。0.5%的费用归信用卡交易获取银行。商家通过信用卡交易出售价值100美元的货物，最终只能收到97.5美元货款。

这一笔商家手续费是信用卡公司除了利息（以及对消费者名目繁多的其他收费）以外的另一大利润来源。信用卡网络和发卡银行分享这一笔收费。与中石油、中国电信一样，处于垄断或者寡头垄断地位的信用卡网络——维萨卡和万事达卡，总有吃完上家吃下家的精神。除了商家手续费，维萨卡、万事达卡和信用卡代理经销商还有各种各样的对商家的收费。在美国做小本买卖的生意人，对此都很有体会。

王蜀南是个吃麻婆豆腐、夫妻肺片长大的四川人，走到天涯海角都改不了对麻辣味道的偏爱，与芝加哥"小成都"餐馆的老板老温混得很熟。老温的川菜味道好，价钱也公道，对四川老乡还打折。不过，有一点却让王蜀南不得其解：和众多中国城的杂货铺和餐馆一样，老温的馆子对消费不足20美元的顾客不收信用卡。为这事王蜀南取笑老温："你师兄生意都做这么大了，咋个还这么小家子气呢？"哪知道，一句取笑，却勾出老温的一肚子苦水："哥老倌，你不晓得信用卡公司有好黑。不到20美元的单子要是刷卡的话，我交完杂七杂八的手续费，恐怕都算白干了。你看信用卡读卡机这个东西嘛，凡是开餐馆的都必须装，不然客人就不会来。首先装这个机器，我要付信用卡商家账户申请费（Application Fee），还要付信用卡刷卡机装机费（Set-up Fee）。每年为这个信用卡机器，还要付信用卡商家账户年费（Yearly Membership）。每个月呢，还要付每个月的月报表费（Monthly Statement Charges）。每次刷卡，不管金额多少，信用卡公司都要收一个信用卡交易固定费用（Fixed Transaction Fees），刷得越多交得越多。每次刷卡的信号通过电话线走，还要交电话费。按照每个刷卡的单子的美元数，还要按比例收费。现在银行说要防止信用欺诈，又搞了什么加密交易费（Gateway Access Fees）和信用卡地址核实费（Address Verification Service Fee, AVS）。要是遇到客人投诉或者要退货就更麻烦，我还得付顾客交易取消费（Chargebacks / Reversal Fees）。要是我去投诉人家，我还得给商家交易取消费（Cancellation penalties）。就算是哪天生意不好了，没有人刷卡，或者到不了一定的刷卡金额，还要有每月最低收费（Monthly Minimums）。那些大公司生意大，可以有自己的信用卡部门，成本分摊下来就小，像我们这样的小本买卖，就只好给他们盘剥了。"

听了老温的抱怨，王蜀南到网上一查，才发现全美国这些林林总总的信用卡商家费用收入，在2007年居然达到了420亿美元。有了这些收入，信用卡公司不仅可以给每月付清信用卡账单的用户将近一个月的免费利息，而且可以支付1%的现金折扣和常旅客里程之类的优惠。对于商家来说，虽然信用卡网络要收取各种费用，但是刷卡消费一方面极大地刺激了消费额，另一方面也减少了现金交易的成本。商家之间的竞争也迫使他们接受信用卡。总的来说，不管利润还是费用都来自于消费者，摆不脱"羊毛出在羊身上"的道理。

除了林林总总的商家费用，掌握几千万信用卡用户信息的发卡银行还经常搞些副业，来增加附加值。典型的例子就是交叉销售（Cross Sell）：向信用卡用户推销保险、储蓄等附加产品。王蜀南进入信用卡行业的第一个工作，就和这种交叉销售有关。王蜀南的第一个雇主，是一家信用卡咨询公司。这家公司给美国第四大信用卡公司打工，负责交叉销售的推销工作。这家信用卡公司有五千多万持卡客户，这是一笔很大的市场营销资源。除了日常的信用卡业务，还和各种公司联手来向信用卡客户推销各种商品和服务项目。比较常见的推销项目有：意外人身保险、人寿保险，这家信用卡公司的储蓄项目和定期存单，个人信用记录保护服务，个人信用记录查询服务，等等。有时候，信用卡公司还推销一些莫名其妙的商品，比如代订杂志报纸，推销个性化的年历和笔记本，促销每年新上市的加州纳帕山谷的葡萄酒……当然了，在美国读过MBA的同学都知道，只要有利润，干什么事情都不算莫名其妙。信用卡公司进行交叉销售的商品和服务有一个特点：它们大多数是定期重复收费的服务。当这些服务的收费和信用卡链接的时候，每个月到缴费的时候，费用可以从信用卡上自动扣除。这大大降低了拖欠费用的风险，同时也给信用卡公司带来更多的刷卡收入，以及潜在的利息收入。这在信用卡公司和它们的商业伙伴之间，算是一种真正的双赢。

信用卡公司在进行交叉销售的时候也是使尽解数。这样直接针对消费者的营销方式，称为直接营销（Direct Marketing）。美国直接营销的推销方式一般有两种：直接信件推销（Direct Mail）和电话推销（Telemarketing）。信用卡公司交叉销售的推销信的格式一般是这样的："亲爱的王先生：您知道每年有一千万人的信用身份被盗吗？信用身份被欺诈盗窃会让您的生活和个人财务状况陷入一片混乱……现在我们公司有一个绝好的预防个人信用身份欺诈盗窃的服务产品，一旦您有了这个产品，就可以高枕无忧了。您只需要每月支付19.99美元就可以拥有这项服务。为了您能够了解这项服务，我们有一个优惠计划，您可以免费试用这个服务九十天。如果您决定试用这个服务，请在下面空格打钩，签名后，用我们附上的邮资已付的信封把回执寄给我们。"这样的免费试用的营销手段在美国的消费者中间屡试不爽。在现代社会的繁忙生活中，很多人在三个月以后会把这个免费试用的事情忘得一干二净，这样，信用卡就开始每月自动地扣除19.99美元的预防个人信用身份欺诈服务项目的月费。而有好些人在看每月的信用卡对账单的时候，又容易忽略了这一项。不知不觉地，很多人就开始购买这项服务。当有一天，信用卡持卡人发现了这笔19.99美元服务的存在，要去取消它的时候，他们得花时间找到相关的资料和联络方式，再花时间打那个几乎永远是电脑录音的800免费电话。如果他们有耐心，终于等到一个真人客户服务员，那还得和国际客户服务外包中心——印度班加罗尔的帅哥美女们费一番口舌。

当然，这些能够和客户服务员交流印度英语的顾客是幸运的，很多被蒙在鼓里的顾客常常是被人卖了还毫不知晓。事实上，只要是在法律允许之下，这样蒙一个算一个的案例在美国各大公司里几乎都有。前两年，美国的一家大电话公司又爆出一个丑闻：一位独居的美国老太太，二十世纪七十年代在家里装了部电话。当时电话公司规定初装电话必须使用电话公司的电话机，按照他们的规定，每个月要缴纳五美元的电话机租金。直到前两年，老太太去世了，来给老太太收拾遗物的亲戚才发现，老太太到去世前还在用那部老古董拨号电话机，这家电话公司已经收了三十多年的电话租金，总金额达到了将近2 000美元。而在美国，一个类似的电话机的价格不会超过10美元。所有的公司存在的目的都是为了赚钱，一家上市公司，股东是法律上的老板，股东把资本交给公司管理层，管理层作为打工仔就得给股东带来最大的回报。如果上市公司像Google那样声称只关心人权状况而不在乎赚钱，那么，这样的公司不是在说瞎话（本来也赚不到钱，干脆找个理由忽悠大家一下，然后光荣退出），就是在不道德地牺牲股东的利益（拿了股东给的工资不替股东赚钱）。

根据美国联邦政府审计总署报告，美国信用卡行业每100美元信用卡透支余额资产的净利润为3.61美元。其中最大的收入来自于信用卡利息、交换费（商家手续费）和罚金收入。

美国信用卡行业收益和利润分析（每100美元信用卡资产）

信用卡利息营业收入 (Interest Revenues)	12.45
信用卡利息成本 (Cost of Funds)	(2.00)
净利息盈利 (Net Interest Income)	10.45
交换费营业收入 （ Interchange Fee Revenues ）	2.87
罚金费营业收入 (Penalty Fee Revenues)	1.40
年费营业收入 (Annual Fee Revenues)	0.42
其他营业收入 (Other Revenues)	0.87
总营业收入 (Total Revenue From Operations)	16.01
其他费用和成本 (Other Expenses)	(10.41)
上缴税收 (Taxes)	(1.99)
净利润 (Net Income)	3.61

资料来源：美国联邦政府审计总署

作为为股东赚钱的工具，信用卡公司的目标也是在法律的许可范围内实现利润最大化。本着上家吃下家的宗旨，信用卡公司一方面传承了放印子钱的悠久历史传统，从信用卡用户那里获利；另一方面，发扬收保护费的光荣传统，从入网商家那里赚取各种交易手续费。不过，二十一世纪是个神奇的时代，我们不仅经历着全世界资产者联合起来的伟大历程，而且常常目睹杨白劳逼死黄世仁的人间悲喜剧。我们平时只看到"大耳窿"[①]放高利贷时的风光，却没有机会目睹黑老大们刀尖上讨生活的艰险。信用卡公司的生存不比黑老大们更容易：一方面，它们得和同行竞争者们火并抢地盘；另一方面，还要时刻提防着杨白劳们人间蒸发，卷款消失；此外，还得警惕着梁上君子们各种的信用欺诈和身份盗用诈骗。出来混，哪能没有风险呢。如果数算起信用行业的风险，刚刚才稍微平息的金融风暴，算是二战以来的最剧烈的一次。

---

① "大耳窿"，是香港地区的广东方言里对放高利贷者的俗称。

第八章

骗你没商量
信用卡公司和用户承受信用欺诈风险

> "一旦有适当的利润,资本就胆大起来。如果有10%的利润,它就保证到处被使用;有20%的利润,它就活跃起来;有50%的利润,它就铤而走险……"
>
> ——卡尔·马克思《资本论》第二十四章

在2000年 dot.com 泡沫破灭以后,美国经济经历了一个小衰退。美国联邦储备银行主席艾伦·格林斯潘为了减小经济衰退的影响,寻找新的经济增长点,采取了低利息的政策,以刺激房地产市场带动经济发展。与此同时,中国在2000年以后对美贸易顺差日益增大。中国拥有的巨额美元储备大部分被投入了美国债券市场,美国国债和房地产抵押债券,成为中国美元储备投资的最大对象。有了充足的亚洲资金,正好使得美国可以长期保持很低的利率。在长期低利率的刺激下,房地产市场开始飞升。在金融风暴之前的几年里,美国房价疯涨。身在美国的王蜀南也成为2005年房市泡沫中的一个小水泡。从2003年起,王蜀南周围的朋友同事,每天都在热议着房价。看到朋友同事们一个个都买了新房,换了更大的房子,而且房价一天天地看涨,王蜀南也坐不住了，他拨通了一个房地产经纪人的电话。电话那边的白人老太太名叫苏珊，拥有比她的实际年龄小二十岁的甜蜜语音和极具说服力的语调："你得赶快啊，好房子都被抢光了，而且价钱还在发疯地飞涨！"这一句话成为压倒骆驼的最后一根稻草。王蜀南义无反顾地跳入了疯狂的美国房地产泡沫之中。后来王蜀南才知道，美国的房地产中介，买方的房地产经纪人手续费可以达到房价的2.5%，而卖方房地产经纪人的手续费可以高达房价的3.5%！难怪他们不遗余力地把王蜀南拖进了这个漩涡。

接下来看房的经历，让王蜀南终生难忘：很多房子早上刚上市，到中午就被人买去。王蜀南觉得大家都疯了，见了房子就抢，跟不要钱一样。房子的成交价格常常比买方出价高出一大截。到了第三个星期，王蜀南终于看上了一栋房子，位于芝加哥地区一流的史蒂文森高中学区。房子双车库，四卧，三卫，两厅，占地三分之一英亩（约合1 335平方米），除去地下室和车库，使用面积3 400平方尺（约合316平方米）。要价54.9万美元。最重要的是，王蜀南看房子的时候，这栋房子还没有被卖出去！王蜀南马上就开价出手。

在美国，一般只有两样东西可以讲价：汽车和房子。王蜀南虽然有一身在国内练出来的讲价本事，不过在这个房地产卖方市场上，他也做好了接受高价的思想准备。哪知道，居然还有三家买主同时在抢这栋房子。王蜀南的价格远远低于别的买家的出价。经过一番痛苦的讨价还价和竞相争购，王蜀南最终胜出，成了出价最高的买家，最终的成交价也居然到了57.5万美元！比最初的要价还高出36 000美元。签下了房子的购买合同，王蜀南终于松了一口气，但是却有了新的忧虑：这房子的价格可不是一笔小的数字，按照王蜀南的收入水平，能够取得按揭贷款吗？"别担心，甜心，在这么热的房地产市场上，是个人就可以拿到按揭！"苏珊老太太对此一点也不担心，认为王蜀南完全是杞人忧天。

苏珊老太太一点没有错，在2005年的美国房地产泡沫中，银行为了争夺顾客，不顾一切地发放贷款。银行和按揭贷款中间人为了业绩，不惜违反很多基本的风险管理的原则。很多银行居然允许房贷不必首付，直接发放房屋100%估价值的房贷。另外一些银行进而发明出各种花样：浮动利息房贷、50年付清的房贷、不付本金只收利息的房贷……在这样的疯狂中，房贷按揭数量随之膨胀，各种消费信贷也跟着水涨船高。王蜀南以超过卖方最初要价3万美元的价格买下了这栋房子，这不过只是美国房地产泡沫中几乎可以忽略不计的一个小水泡而已。

美国房地产市场的火热，带动了金融市场其他的行业。在金融市场注重短期利率的风气下，信用卡公司也极力扩展业务，在风险管理上越发激进。"今朝有酒今朝醉"，用这句话形容美国大公司的CEO好像不太合适，不过，金融危机之前的美国公司高管，的确似乎不在乎明天如何。美国大公司CEO们上千万、上亿美元的奖金，与公司年度甚至季度的盈利和股价直接挂钩。为了达到年度甚至季度盈利额，这些CEO们不惜一切地追求短期效益，因此，这些公司的战略大多都很短视和具有高风险。然而，美国大公司的高管有美其名曰"金色降落伞"（golden parachute）的待遇：公司如果要提前解雇CEO，得按照合同给他们几千万甚至上亿美元的赔偿金。（当然了，这些合同本来也都是CEO们自己制定的，并且由CEO们任命的董事会批准生效）所以，CEO们都不顾一切地狂赌高风险、高回报的项目：赌对了，有几千万、上亿的奖金可以拿；赌输了，也可以有数字可观的"金色降落伞"保本。

二十一世纪的头几年里，美国的低利率和房地产热影响到信用卡行业。美国的大银行和信用卡公司不仅大肆给现有的消费者增加信用额度、减少利率，而且疯狂地给新用户发卡。为了追求市场份额（一般来说，大公司的市场营销执行官的奖金和市场份额、业绩挂钩），信用卡公司开始向没有收入的大学生、刚刚登陆的新移民这样的高风险消费者大力推广信用卡。这样的公司经营战略再配上美国人债多不愁的思想，造就了下面可观的统计数字：从2004年到金融危机总爆发的2008年，美国信用卡借款额每年以高于4%的速度递增，而且每年的增幅都高过前一年，到2007年增幅到达了每年8%。而在同期，美国的经济增长率则每年递减，从2004年的近4%减到了2007年的2%。到2008年危机终于总爆发时，信用卡市场如同房市一样泡沫破灭。2009年第二季度，美国的GDP比上一年降低了近5%，而信用卡借款额也降低了5%。美国的信用卡年利息可以高达36%，但是因为信用卡

▲ 面对经济危机，高管们有数字可观的"金色降落伞"保本。

坏账损失，放贷吃利的美国信用卡公司不能再像以前那样吃香的喝辣的了，如今的美国信用卡公司成了王小二过年——一年不如一年。在经济危机下，美国的失业率高达10.5%。很多人没有了工资收入，没法付房贷按揭，房子被银行没收拍卖。而信用卡债务就更不在话下了。美国的法律规定债权人对债务人不能打、不能骂，讨债还得态度和气。杨白劳大爷们债多不愁，动不动就拖欠信用卡债务。路透社报道，美国目前信用卡拖欠率已经达到了二十年来的最高水平，8%–9%的信用卡用户不能按时付款。《华尔街日报》也声称2009年的坏账率比2008年增加了50%以上。在经济危机中，美国人已经背负的沉重债务，变成了银行和金融公司的巨额坏账。2009年5月，美国联邦政府估计，到2010年，美国的银行将会有824亿美元的信用卡坏账损失。

那么，银行和信用卡公司的坏账损失又将由谁来买单呢？羊毛出在羊身上。信用卡公司在一部分顾客身上损失的坏账亏损，需要从另一部分顾客的盈利来补足。虽然说美国黄世仁可以

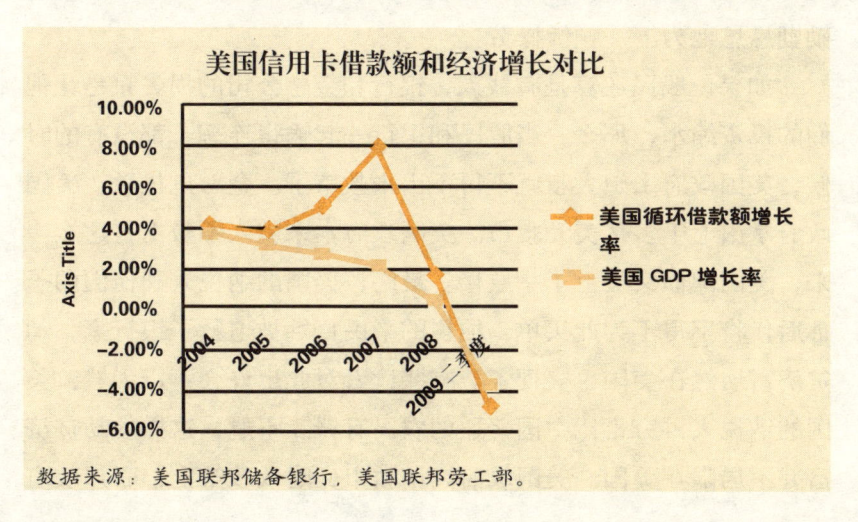

美国信用卡借款额和经济增长对比

— 美国循环借款额增长率
— 美国GDP增长率

数据来源：美国联邦储备银行，美国联邦劳工部。

一手从美国杨白劳那里收取百分之十几到二十的驴打滚利息；然而，一转身，美国信用卡杨白劳们可以人间蒸发，甚至直接宣告"大爷我不还钱了"，黄世仁们居然也落得一年忙到头两手空空。金融危机的今天，羊们都有些饿得皮包骨头，信用卡公司就免不了被坏账困扰。美国最大的信用卡发行公司——大通曼哈顿银行的银行坏账预计（Bad Debt Allowance），在2008年从137亿美元增长到了238亿美元（见大通银行2008年年度报告）。这样的损失当然是广大股民们需要承担的光荣义务：花旗银行股价从55美元一路自由落体掉到2009年3月的1.04美元。大通花旗银行股价也从52美元跌到2009年3月的16美元。如果说中国股民输掉了自己的投资，那么，美国股民是真正输掉了自己的裤子；如果说中国股民是用闲钱炒股，美国股民则是把自己的未来都赌在股票上了。美国股市最大的投资者是各种个人退休基金，股市缩水让很多美国退休人员的财产缩水过半，下半辈子的生活没了着落。很多人在退休几年后又不得不被迫老当益壮，重新找工作，勤勤恳恳地为下一顿饭操劳。

　　如果说股民还算是有钱人，银行和金融公司的损失只是让他们的投资缩水，那么，当股民和银行一起输得连裤子都没有的时候，美国政府山姆大叔就不得不出来救市了。金融危机后，美国政府拿出七千多亿美元救市。美国政府本来就入不敷出，这么一来，美国国债又更上了一层楼。最终，美国的纳税人和他们的子孙后代将不得不为此买单。纳税的平民百姓被迫救了银行家，劫贫济富居然在美国也实现了。有些读者对此也许会不以为然：美国的纳税人再穷也比中国普通的农民有钱。不过，这样的劫贫济富并不局限在美国。美国政府高调救市，财政政策上，联邦政府和各级地方政府扩大赤字，狂发国债；货币政策上，联储鼓励美元贬值。中国持有世界上最大数量的美国国债，人民币又和美元直接挂钩。美国政府替华尔街救市，中国十几亿老百姓实际上也在为美国的金融危机和银行坏账买单。

股市缩水，国家救市，全美国人民甚至连全中国人民都不得不买单；然而，华尔街银行和大公司CEO们千万、上亿的奖金还是照拿的。人家美国是个尊重合同的民主国家，所以股东可以赔光，雇员可以下岗，CEO们按合同规定的奖金却是不能拖欠的。当然了，大公司的董事会多半是CEO自己任命的，CEO的雇用合同又是董事会定的，CEO的工资和奖金当然是董事们按照公司章程通过民主的程序定下来的。输光裤子的小股民虽然占了过半数的股票投票数量，这些公司CEO们在金融危机后还能成千万、上亿地往家搬美元，股东们却只有干瞪眼。如果说股东们是自己倒霉，买了跳楼的股票，被迫买单的纳税人连喊冤的机会都没有。美国政府是民选的。政府救市，投进去了几千亿，成了几个大银行、大保险公司的第一大股东。然而，奥巴马政府成天说要限制CEO们的过高收入，却雷声大雨点小。政府和公司精英们异常一致的决定，媒体们异口同声的论调，搞得美国人民被人卖了还在帮人数钱，到现在还一直以为自己有世界上最好的制度。看到这些分析，中国被双规的贪官，卷款亡命天涯的国企老总们，恐怕会衷心地说，人家美国的制度真是好啊。

借钱不还还仅仅是信用卡风险的一部分，信用卡欺诈也是这个行业从一开始就面临的一个问题。"什么？美国人素质很高？"除了读着《读者文摘》长大的中国小资朋友以外，美国人自己都不信这个谣传。2007年，美国信用卡欺诈金额达10.4亿美元，

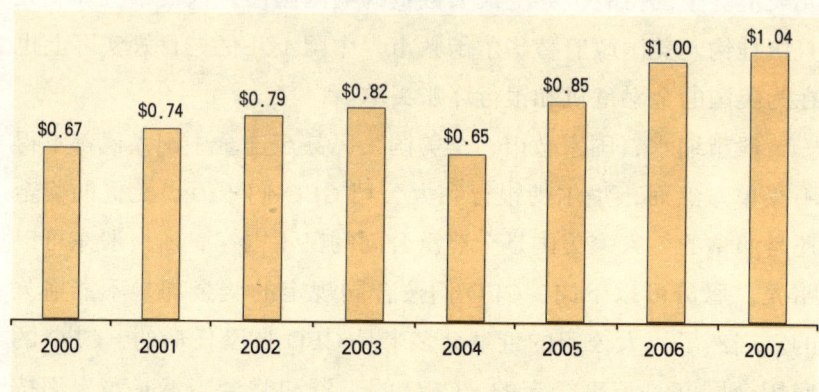

美国信用卡欺诈金额稳步增加（单位：10亿美元）

年份	金额
2000	$0.67
2001	$0.74
2002	$0.79
2003	$0.82
2004	$0.65
2005	$0.85
2006	$1.00
2007	$1.04

资料来源：(http://www.sas.com/news/analysts/mercator_fraud_1208.pdf)

信用卡欺诈的社会总成本高达160亿美元。在美国，每一万美元的信用卡交易，就有7美元涉及信用卡欺诈。信用卡公司通常拿出1.2%的成本费用来对付信用卡欺诈。美国经济增长疲软，信用卡欺诈自2000年以来却增长了55%。人人说美国的法律制度完善，不过，美国是个海洋法系国家，大部分法律是通过判例来制定的。也就是说，之所以法律完善，是因为这些问题早就被人犯过了，历史上的法庭判决后来成为了法律。如果说美国防止信用卡欺诈的法律很严格、很全面的话，那就是说，这些欺诈在美国的历史上已经被人试过一遍了，现在的法律和规章才变得如此健全。美国作为世界上最发达的国家、世界高科技和创新的中心，信用卡欺诈的方法自然也是一流的，而且形形色色，日新月异。

最初级的信用卡欺诈是使用被盗来的信用卡。这样的低技术犯罪，黎叔看了都会说太没有技术含量。小偷偷了别人的钱包，拿信用卡去加油、吃饭、上网购物。一旦信用卡主人挂失，信用卡就不再有效。所以，这类小贼要求有很强的动手能力，不仅要偷得快，还要用得快。高级一点的信用卡欺诈犯不偷实物信用卡，而只偷信用卡号。最常见的欺诈是刷卡的时候，不良店员悄悄记下信用卡的号码、名字和有效日期。有了这些信息，小偷们再上网查出信用卡主人的地址，他们就很容易用这些信息去网上购物。

王蜀南有个美国同学名叫托尼，为人精明，做事干练，一点也不拖泥带水。不过精明的托尼到台湾去度假的时候，因为信用卡被盗，吃面条居然吃出了一个大钻戒。托尼去台湾之前，先在图书馆做好了家庭作业，定好了行程，备好了背包，也打印了一份注意事项。有一本旅游指南声称宝岛台湾和明珠香港是世界上最大的信用卡犯罪中心，建议外国旅行者在台湾和香港刷卡消费的时候要尽量小心。托尼牢记了这个建议，无论到哪里都使用台币现金。王蜀南也给托尼出主意，说是用现金不仅能避免信用卡被盗，也可以多认识几个中国近代史的人物，了解中国文化：绿色票子上满脸笑容的光头老先生是"老总统"，红色票子上满脸严肃的平头老先生是"先总理"。"老总统"是反共的，穿的衣服不叫毛式制服，而是中山装；"先总理"是反清的，不过穿的衣服却是旗式长衫。托尼在台湾一路顺利，觉得台湾人民善良而勤劳，台湾妹妹温柔漂亮。连开出租车的先生累得吐血了还把他按时送到了机场。（王蜀南后来听了这个出租车司机吐血的故事，赶快给托尼解释：那位先生吐的多半不是血，而是嚼了槟榔，随地吐红色的口水。）托尼感动得够呛，把剩下的新台币零钱都给了出租司机作为小费。临离开台湾之前，托尼花光了身上的现金，在中正机场饥肠辘辘，只好刷卡买了一碗面吃，结果，成了托尼这辈子吃过的最贵的一碗面。回到美国一个月后,托尼发现信用卡账单里有笔不知道来历的3 000多美元的交易,赶快打电话到信用卡公司去询问。经过了N段电脑录音,又被迫欣赏了N段等待音乐后,托尼终于和信用卡公司的印度美女说上了话。印度班加罗尔客户服务员的效率蛮高的,马上就查出这个信用卡交易项目,说:"先生您是不是在泰国曼谷的一家珠宝店买了一个3 000美元的钻戒?"

另外一种偷盗信用卡信息的方法比较肮脏。犯罪自然是肮脏的勾当,不过有时还真是件脏活。美国有小偷专门去偷别人家里的垃圾桶。很多美国人没有销毁垃圾邮件的习惯,而是直接把它们请到垃圾桶里。所以,从美国人的垃圾桶里常常能找到被扔掉的银行信用卡账单和信用卡申请表。利用垃圾桶里偷来的信息,小偷们可以冒用信用卡号或者冒名申请信用卡。等到信用卡用户发现自己的信用卡被人刷爆的时候,一般已经是几个月以后了。这类犯罪直接促进了小型碎纸机进入美国的千家万户,为沃尔玛超市创造了几亿美元的利润。

▲纽约城的小偷用望远镜偷看别人的信用卡号码。

不过,干得累干得脏

不如干得巧。另外有一种比较上档次的偷盗信用卡和ATM卡信息的方法，是伪造提款机和刷卡机。高科技小偷们把这些假机器安装在无人看守的真正的提款机或刷卡机面上，直接提取卡号和密码。消费者在这些ATM机上刷卡提款，会发现显示的信息是该提款机现金已经取完或者机器故障。而卡号和密码已经被假提款机盗取。自然，这样的方法一次性投资比较大。有一技之长的小偷还另有妙法。在纽约曾经破获过这样的一起案件：有个小偷，眼神特别好，他仗着2.0的视力和高倍望远镜偷看别人的信用卡号和密码。

当然，靠餐馆里的小弟偷看信用卡这样的手段成不了气候。现代资本主义的特点是高度的专业化和大规模生产。信用卡欺诈在美国早就成了一个产业，并且发展为跨国的网络。有专门偷盗信用卡号的专业黑客，被盗的信用卡通过互联网在全球范围内拍卖，买到的卡号被制作成以假乱真的假卡，又有专门的人去用这些卡消费购物或者套现，然后有人专门销赃和洗钱。职业骗子可以制作出和真品一样的信用卡，再配上伪造的驾驶执照，居然也就堂而皇之地去刷卡了。美国加州的纽波特市曾经破获过这样一个信用卡欺诈团伙，他们制作假卡的机器价值一万多美元，造出来的假卡和真正的信用卡几乎没有区别。当然，非官方的另外一种解释是：这批犯罪分子使用的机器本来就是原版的制作信用卡的机器。近年来，由于中国开始大量生产这样的机器，使得本来十分昂贵，只有大信用卡公司才能负担得起的机器一路降价到一万多美元一套，成为信用卡罪犯居家旅行常备的生产资料。大概是因为中国制造大大降低了成本，加州纽波特市的这群犯罪分子的投资回报率也非常高，他们的这笔买卖不到一年就赚了100

多万美元。

互联网的发展，大大地改变和改善了全世界人民的生活，提高了效率。如今的骗子公司，很多人也告别了偷垃圾桶这种人权状况不好的工种。现如今，如果没有一个先进的信息技术部门，连黑老大恐怕都觉得没有面子。于是，雇用黑客，攻击商业网站，盗取信用卡信息成为二十一世纪有组织犯罪的一大亮点。

2007年，美国最大折扣零售商之一 TJX 公司的信用卡交易信息被黑客攻击，将近4 500万顾客的信用卡信息被盗，这是迄今为止历史上最大的黑客偷盗信用卡信息的记录。几十家信用卡公司不得不给用户改变卡号，发放新卡。利用黑客高手作案，入侵公司数据库，固然是"很狡猾"，但是大公司的网络和信息系统的漏洞百出，就只能说"太愚蠢"。美国哥伦比亚广播公司的深度新闻节目《60分钟》在2007年曾搞过暗访，发现很多大零售商在店内的 Wi-Fi 网络居然都没有加密。记者在美国最大的电器连锁店外面，用很基本的电脑程序，就可以截取信用卡交易信息。

如果说黑客盗卡是大规模杀伤性武器的话，那么，信用卡网络犯罪的地雷战、地道战则是信用卡"网络钓鱼"（phishing）。王蜀南自己就曾经被钓过一次：一天，王蜀南收到一个电子邮件，邮件上面有花旗银行的官方标志，邮件内容是如此这般："亲爱的王先生，我们发现您的花旗银行信用卡账户被黑客攻击，如果您收到这封电子信件，请马上登陆下面的美国花旗银行网站，我们需要您确认你的信息。如果您不及时确认，您的信用卡有可能被盗用……"落款是美国花旗银行信用卡反欺诈部。被吓得心慌意乱的王蜀南马上点击了邮件上的链接。出现的网站和王蜀南平时登陆的花旗信用卡网站一模一样，所以王蜀南很快地用自己的用户名和密码登录了网站。但是在进入网站以后，网页却神秘地关闭了。这时候，王蜀南才发现自己上当了，马上给花旗银行打电话。花旗银行的工作人员说：银行从来不会主动向用户索取用户名和密码。这样的电子信件被称为"网络钓鱼"。信用卡欺诈犯罪组织通过这样的方法盗取信用卡信息和银行账户信息。花旗银行发现了这一情况，马上替王蜀南注销了这个账号，再给他发放一个全新的账号。"网络钓鱼"其实不是一种创新，早在1987年，就有这样的犯罪方法。当然，那时候还没有个人电脑，钓鱼在电话上进行。一般的方法是欺诈犯罪组织打电话到人家里，说先生您的贷款已经批准了，我们现在需要确认您的社会保险号和其他信用信息。当他们取得了别人的个人信息和银行账户、信用卡号码之后，他们就可以冒充他人去取钱、刷卡。

如果说"网络钓鱼"是利用了人们的恐惧心理，算是连哄带吓；那么另外一种网络骗术就完全属于愿者上钩了。这种骗术往往从网上聊天交友开始。婚变以后的王蜀南有一阵每天混在网上，交了很多网友，发现"同是天涯沦落人"这句词很精妙：网上的朋友大多是和王蜀南一样的旷夫怨女，在现实中颇受以貌取人的世俗流弊所困扰，想到虚拟空间开展心灵交流。不过在网上久了，王蜀南发现常常也有金发碧眼的美女主动搭讪。过程往往是先打招呼，再附上美女照片，展示性感网页。一般来说，在骗局的最后阶段，虚拟性感美女会说：我在某某网站有激情表演，你快去注册，我在那里等你啦。WSN们点击网站注册空间，往往会发现这样的内容，为了确认您的身份，请输入您的信用卡号码……这样的小骗局，黎叔看了肯定会说太初级，稍微有正常智商的人都不会上当。不过，哈佛大学的一项研究发现，当年轻男性处于"性"致勃勃的状态下，往往智商急剧下降，会做出很多荒谬的决定。网路上形形色色的骗术，大多是利用人们的各种心理弱点来套取信用卡和身份信息。网络犯罪的一大特点是远程异地，对从业人员技术要求高，但是心理上的负担并不大。然而，另外一种信用欺诈对心理素质的要求却非常高。

信用欺诈的最高境界大概算是身份盗窃欺诈（Identity Theft）了。这项武功的技术含量比较高，对罪犯的心理素质要求更高。人说做贼心虚，心虚的贼做不了身份盗窃欺诈这笔买卖。下面是一个真实的故事：一位住在美国加州的老兄有天收到一封信，信是从俄亥俄州一家银行寄来的，上面说：恭喜您搬进新家，我们很高兴为您提供房贷按揭。这位老兄觉得奇怪：自己日子过得不宽裕，哪有闲钱买房？何况自己住在阳光明媚的加州，怎么会跑到美国的铁锈地带去买房子呢？这位仁兄给银行打了个电话，电话上，银行的工作人员再次向他祝贺乔迁之喜，并且问候他在俄亥俄州哥伦布市价值50万美元的房子住得怎么样。摸不清头脑的这位老兄说我根本不住在俄亥俄州，上次我去俄亥俄已经是十年以前的事情了。听了这话，银行工作人员的第一反应就是：遭了，难道又是一起身份盗窃欺诈案？通过调查，银行发现，有人盗用了这位仁兄的身份，借了一大笔房贷按揭，在离加州2 500英里以外的俄亥俄州买了一栋价值50万美元的房子。在银行反欺诈专家的强烈建议下，这位老兄到信用征信局查询了自己的个人信用记录。他发现除此之外，他名下还有两张他从来都不知道的信用卡（这两张卡已经被刷爆）、一个欠款的电话账户和一个欠款的电费账户。原来那位冒名顶替的仁兄，有着奇强的心理素质，他老人家不仅冒充别人买了一栋50万美元的大房子，申请并且刷爆了两张信用卡,还在这栋骗来的房子里,开通了一条电话线,而且水、电、气费一样都不拉下。

王蜀南平时使用大通银行的万事达卡。为了方便,王蜀南通过自己的大通银行支票账户在互联网上设定每月自动付清信用卡账单。这样的自动付款服务既方便,又避免了信用卡付款过期。不过,平时每个月都仔细检查信用卡账单的王蜀南就渐渐地懒散起来,直到有一天,他随手拿起大通银行寄来的信用卡账单,发现一笔9.99美元的交易,自己并不熟悉。再仔细地查看交易商家的地址,在肯塔基州。王蜀南奇怪,自己除了吃过肯德基以外,好像和肯塔基州没有任何关系。王蜀南觉得其中必定有诈,于是又在大通银行的网上银行账户上找出前几个月的信用卡账单,发现这笔交易居然已经进行了几个月了,每个月的9.99美元,如果王蜀南不仔细看账单,恐怕还会继续下去。王蜀南马上拨通了大通银行的电话,听了N段电脑录音,免费欣赏了N段等待音乐之后,王蜀南终于又听到了自己熟悉的印度班加罗尔英语。王蜀南赶快报告了这笔自己从来都不知道的信用卡交易,要求进行信用卡欺诈调查。和蔼可亲的印度客户服务员说:"先生,您不用担心,我们会立即进行调查。如果这是信用卡欺诈,按照白金卡的规定,您将不会为信用卡欺诈负责任。"挂了电话,王蜀南上网放"狗"(Google)一搜,发现每月莫名其妙地被骗9.99美元的大有人在。2008年,在美国有一千万人成为身份盗窃欺诈的受害者,年增长率达22%。身份盗窃欺诈的平均金额为500美元。26%的身份盗窃欺诈和信用卡有关。身份盗窃欺诈的方式从低技术的偷钱包到高技术的网络犯罪都有。

美国的法律规定,信用卡用户对信用卡欺诈金额只需负50

美元的责任，有些信用卡公司甚至规定用户信用欺诈零责任。不过，如果消费者的信用卡甚至身份被盗了，要跟信用卡公司和信用征信局申辩澄清事实，洗白不良记录，短则需要几个月，长则要几年。这么折腾一次谁也受不了。对于信用卡公司来说，每年十几亿美元的信用欺诈金额几乎成了公司经营成本固有的一部分。当然了，不管公司成本多高，CEO 的奖金按照合同还得继续支付。这个成本吗，还是羊毛出在羊身上，需要从信用卡的利息和其他收入上扣除。羊太瘦了，公司亏了本，还有股东呢；股东亏完了，还有山姆大叔来救市；山姆大叔破产了，还可以向全美国人民收税；全美国人民交了税还填不了黑洞，还有中国人民来买美国国债呢。

王蜀南在网上搜出了美国政府联邦贸易委员会防止信用卡欺诈的"十要，五不要"的建议。通读一遍，发现在反恐形势严峻的今天，如果普通美国人能做到防止信用卡欺诈的"十要，五不要"，美国反间谍、反侦查的能力肯定会大幅度提高。王蜀南觉得美国政府机构提出的这些注意事项深有意义，值得大家学习。

◆ "十要"：
◇ 收到新的信用卡要马上签名；
◇ 携带信用卡的时候，要和钱包分开带，要放在有拉链的小包或者名片夹里；
◇ 要在一个安全的地方保存一份信用卡号码、过期日期、信用卡公司电话地址的拷贝；
◇ 刷卡的时候要保管好信用卡，及时把信用卡拿回来；
◇ 要防止签错误的发票；

- ◇ 要销毁信用卡复印件；
- ◇ 要保存信用卡收据，核对月底信用卡对账单；
- ◇ 要及时查看信用卡账单；
- ◇ 要及时用书面形式向信用卡公司报告可疑的信用卡收费；
- ◇ 要提前通知信用卡公司地址变更。

◆ "五不要"：
- ◇ 不要把信用卡借给任何人；
- ◇ 不要随处放置信用卡或者信用卡收据；
- ◇ 不要签空头收据。签信用卡收据的时候，用笔划掉金额前面的空白处；
- ◇ 不要把信用卡号写在明信片或者信封外面；
- ◇ 不要在电话里把信用卡号告诉不明的公司，如果怀疑交易的公司有问题，找消费者协会或者当地消费者保护办公室核对。

信用卡挂失和报告信用卡欺诈举报：

如果发现信用卡或借记卡丢失，马上向发卡银行或公司挂失。信用卡公司和银行一般都有二十四小时免费挂失电话。按照美国法律，一旦消费者报告了信用卡丢失，就不再对以后的信用卡欺诈金额负责任。联邦法律规定，在任何情况下，消费者对信用卡欺诈的最大的经济责任为50美元。

第九章

形形色色，数量众多
不同种类的信用卡公司和信用卡

> "所谓的银行家，就是晴天千方百计把伞借给你，雨天又凶巴巴地把伞收回去的那种人。"
>
> ——马克·吐温，辜鸿铭译

美国梦，这是所谓的"美国精神"的重要组成部分：一个穷小子，赤手空拳地来到美国，靠自己的努力和能力拼出一片天地。当年怀揣五百美金，带着两个大纸箱行李的留学生王蜀南，走出芝加哥奥海尔国际机场海关，开始重演一个穷小子美国梦的故事。在美国的十来年，王蜀南当过穷学生，每天为账单操心，经历过婚变，对付过信用卡危机，后来终于否极泰来，读完了学位，找到了工作，付清了信用卡债，也找到了自己生命中的另一半。和众多留美 WSN 一样，王蜀南的美国梦也渐渐成真：取得了学位帽子，买了车子，有了妻子，买了房子，生了儿子，完成了美国版的五子登科。 虽然王蜀南的房子、车子一半都归银行所有，理论上王蜀南还是"负翁"一族，但是，王蜀南的经济状况终于从美国人民收入最低的百分之十，上升到收入最高的百分之十。美国社会的中坚——中产阶级，就是像王蜀南这样的人：受过良好的教育，有一份稳定的工作，有一个美满的家庭，在郊区有一栋房子，两辆汽车。这样的中产阶级，负担着美国政府的大部分的税赋，因为必需应付房贷车贷按揭付款，每天都老老实实地在公司里工作，甘愿成为资本主义的螺丝钉。这些人，也是美国消费信贷行业的主要对象。

我们中国的古人说："仓廪实，知礼节。"步入了美国中产阶级，银行存款渐渐增多的王蜀南，也逐渐重建了自己的信用记录。王蜀南的信用分数慢慢地从六百多分涨到七百多分。成了美国中产阶级的王蜀南，也终于发现西方金融机构对消费者的经营原则：如同圣经马太福音第十三章第十二节所教导："凡有的，还要加给他，叫他有余；没有的，连他所有的，也要夺过来。"所有银行的信用风险管理原则似乎和这个教条一样：当消费者金融状况不好，急需资金的时候，银行会认为消费者的信贷风险上升，银行不仅不会批准新的贷款和信用卡申请，而且还会减少消费者现有的信贷额度，甚至取消已经有的信用卡；而当消费者金融良好，现金充足，不需要额外的资金的时候，银行总是愿意增加消费者的信贷额度，主动给消费者发放信用卡。

王蜀南的同学王明，就经历了美国银行翻手为云，覆手为雨的手段。王明是王蜀南在北大的室友，和王蜀南一样，大学就考托福考 GRE，毕业后来到美国留学。王明的经历刚开始一帆风顺，在纽约州罗切斯特大学经济系攻读博士学位，完成了头两年的学习，取得了一个硕士学位。那是1999年夏天，美国正在经历 dot.com 泡沫的高潮。王明在计算机系同学的撺掇下，把简历放在了互联网上。不到三天，王明接到一个电话，是纽约的一家小电脑软件公司打来的：

"王先生，我们在互联网上看到你的简历。你有很好的 C++ 语言的背景。我们觉得你肯定会对我们公司的业务很感兴趣。"

"真的吗？我是学经济的，我只学过一门 C++ 的课……"

"没有关系啦，王先生，我们想请你到我们公司来看看。下星期一怎么样？你是不是住在纽约州罗切斯特市啊？我们请你到曼哈顿我们公司来，我们给你报销路费。"

就这样，王明穿着 T 恤衫和牛仔裤来到了纽约城曼哈顿。短裤拖鞋的软件公司 CEO 觉得王明就是自己上研究生时的一个翻版：头脑灵活，逻辑清晰，勤奋好学，是个可造之才。于是当场开价年薪 5 万美元，外加 1 000 股公司股票，邀请王明加盟公司。

昨天还是每周工作学习八十小时、年薪 8 000 美元的王明，忽然发现天上在往下掉馅饼，欣喜之余，赶快跑上去接住了这块馅饼，成为了二十世纪九十年代末毅然投入美国电脑软件行业的几百万"硅工"之一（"硅工"者，硅谷电脑工程师简称也，泛指 IT 行业讨生活的电脑程序员）。疯狂的 dot.com 泡沫中的九十年代末，是个激情燃烧的岁月，王明告别了学生时代，马上进入了每周工作六天，每天加班到深夜的 IT 生活。王明所在的软件公司，每天早上九至十点上班，公司提供免费早餐；干活累了，可以到公司的休息室里打打电子游戏和桌上足球；每天大家都要加班的，到了晚上六点公司给叫外卖；要是加班困了，公司里有免费的可乐、咖啡和红牛饮料给大家提神。工作时间一般到深夜。

工作以后，王明的经济收入大增，他告别了纽约州罗切斯特市破旧的学生公寓，搬进了纽约市布鲁克林区的纽约雅皮士社区。随着王明收入的增加，各大银行信用卡公司觉得他倍加可爱，争相向他发放各种信用卡申请表。王明也是来者不拒，很快就有了七八张额度超过一万美元的信用卡。王明每天加班，周末泡吧，期待着公司上市，梦想成为新一代IT新贵。

可惜霁月难逢，彩云易散，不到一年，王明和美国的信息技术行业一起，走了霉运。这年冬天，一个周六的早晨，工作了七十小时的王明，挣扎着从床上爬起来，跌跌撞撞地下楼，钻进自己一个星期前刚刚买的2000年版的丰田卡罗拉轿车，准备到纽约拉瓜地亚机场，去接从罗切斯特市来的朋友。二月份，纽约的冬日，阳光还没有穿透铅黑的云层，布鲁克林灰暗的街道两边，堆积着没有清除完毕的积雪，令一切显得越发昏暗。王明刚刚开出了公寓背后的小巷，正要汇入大街，就听见"呼"的一声巨响。

王明再睁开眼睛的时候，周围的灰黑色已经被闪烁的红蓝白色的各式警车灯、消防车灯和救护车灯划得粉碎。一群消防员神色严肃，正拿着大剪刀，剪开王明的丰田卡罗拉顶篷："孩子，你别担心。你挺幸运的，你开一辆丰田，我们只要用剪刀就可以把你救出来；要是你开的是福特车，我们还非得用电锯了。"王明事后知道，自己的汽车被撞得变形，车门打不开，消防队员只好用这样的办法来把他从车里救出来。清醒过来的王明看看车祸现场，才发现自己开车从小巷里出来，因为没有看清大街上的状况，被一位开着福特维多利亚皇冠轿车的老人从左边拦腰撞上。不幸之中的万幸是，那辆福特车撞击到王明的车头，王明汽车的驾驶座位虽然已经部分变形，却没有直接撞击到王明。车祸对方是一位七十多岁的美国白人老者,他在一旁关切地看着王明被从汽车里救出来,发现他并没有受伤,总算松了一口气。

这次车祸,因为王明从小巷里开车出来汇入主干道,没有注意大街上的车流,被人横撞,车祸的责任完全在王明。更倒霉的是,王明上周刚刚买了这辆新车,因为工作忙,还没有来得及去办新的汽车保险。当时王明的汽车保险还是原来的旧车带的汽车责任险,王明还没有来得及购买新车所需的碰撞和全面保护的汽车保险。也就是说,在这次车祸里,王明给车祸对方造成的损失,王明的保险公司可以负责赔付,而王明自己汽车的损失,他自己的保险却不会赔付。

垂头丧气的王明打车回到公寓,已经是下午四五点了。刚刚进门,电话铃响了,王明拿起听筒,原来是修车铺打来的电话,王明的汽车被拖到了这家修车店。修车店老板操一口爱尔兰口音的英语,告诉王明:"王先生,你的车被撞的状况十分糟糕,要修好的话,得花大约8 000美元。"王明在电话这边没好气地回答:"我可没有这么多钱。"那边的修车店老板马上给出了第二个方案:"对啊,被撞成这样,即使修好了,也不安全。你也可以把它按报废车处理给我们,我们按废铁价格,付给你50美元。"

人说福无双至,祸不单行。到了周一,王明垂头丧气地去上班,心情沮丧,进了公司大门,却也没发现公司里出奇地安静。等到在自己办公桌前坐下,王明发现自己怎么也不能登录公司的电脑系统。不过很快,他就发现自己面临更大的问题:部门经理走过来,把自己叫到了会议室。会议室里,还坐着公司的人事部经理和一个公司的保安。人事部经理面无表情地递过来一张纸,说:"王先生,因为公司经营状况不佳,董事会决定裁员20%,

你在裁员的名单内。公司会给你四个星期的额外工资。按照公司的规定，你现在就需要离开公司。"王明的大脑里又"呼"的一声巨响。恍惚之间，竟不知道是怎么走出公司大门的。在纽约的寒冬中，王明发现自己站在曼哈顿的摩天大楼之间，渺小得如同一粒沙尘。

丢了工作的王明一方面急着找工作，另外一方面，还得为自己在美国的身份担心。在美国的留学生一般是F-1学生签证身份。F-1留学生在取得美国学位之后，可以申请一年的见习期，移民局称之为OPT（Optional Practical Training）。王明在被雷的时候，OPT见习期已经用了八个月，如果在下面四个月内不能找到工作，并且申请到H1-B工作签证的话，王明在美国的身份就会黑掉。dot.com泡沫破灭之后的两年里，找工作谈何容易？最后，王明只好到一所三流的美国大学申请读书。但是，这个学校不提供奖学金，一切学费、生活费，王明都得自掏腰包。已经花光了自己不多的积蓄的王明，等到需要筹集学费生活费的时候，唯一的办法，就是刷爆信用卡了。

然而，信用卡公司也和一切银行一样，只会锦上添花，不会雪中送炭。信用卡公司在王明经济状况良好的晴天，千方百计把伞借给他，给他发各种金卡、白金卡；等到了王明急需用钱的雨天，信用卡公司又凶巴巴地把伞收回去。王明刚刚刷了两张信用卡，用完了这两张卡的信用额度，其余的信用卡公司就争先恐后地寄来信件，通知王明的信用额度从一万美元降低到了2000美元，利息从12%提高到了29%。有家信用卡公司居然直接来通知，吊销了王明的信用卡。走投无路的王明，只好拉下面子，拨通了大学室友王蜀南的电话。听完王明的故事，在信用卡行业工作的王蜀南，打开支票本，给这位运气不佳的雪中室友送上一车炭。

王蜀南身处金融行业，在2000年dot.com泡沫破灭以后的经济危机中受到的冲击不大。在事业上，王蜀南逐渐小有成就；在个人经济方面，王蜀南还清了信用卡债务。当王蜀南不再需要为信用卡账单忧虑，也不需要新的信用卡服务的时候，信用卡公司不期而至了。各大信用卡公司轮番上阵，对王蜀南发放各式各样的信用卡发卡邀请和预批信用卡信件。每个星期，王蜀南至少收到三份以上的信用卡申请邀请信：从花旗，到大通，到美国银行；从维萨卡，到万事达卡，到运通卡，再到发现卡；从里程卡，到现金折扣卡，到奖励点数卡（Reward Point Card）。纷繁芜杂，让人眼花缭乱。王蜀南见识到不同的信用卡公司和不同的信用卡网络，以及不同功能的信用卡。王蜀南的钱包也开始成为塑料卡的集合：当年一个申请500美元透支额度信用卡而不得的穷小子，居然有了十几张卡，十来万美元的信用透支额度。

形形色色的信用卡中，数量最多的是维萨卡和万事达卡。它们是信用卡行业的老大和老二，几乎垄断了信用卡的交易、支付和网络拓展。这种信用卡经营模式在美国的金融界被称为银行卡（Bank Card）。维萨卡和万事达卡这两个组织经营信用卡网络，负责信用卡交易和支付；维萨卡和万事达卡的加盟银行理论上才是真正的信用卡发行公司，这些发卡公司负责信用卡的信用风险管理：批准信用卡的申请、信用额度、利息、每月的信用卡账单集成、支付、坏账托收和其他的信用风险管理。维萨卡网络和万事达卡网络向加盟商户收取交易费和其他费用，加盟发卡银行与维萨卡网络和万事达卡网络分享这些费用收入，并且赚取利息收入。两个巨无霸信用卡组织最初只是这些发卡银行发起成立时的信用卡支付网络，然而，当它们膨胀为信用卡网络巨人的时候，这些发卡的加盟银行反而开始受制于它们。维萨卡和万事达卡规定，加盟的发卡银行的信用卡只能通过维萨、万事达的网络发行，而不能和运通卡、发现卡等其他的信用卡网络结盟。另外，维萨卡和万事达卡不仅占有大部分的信用卡市场份额，也占有几乎全部的 ATM 卡的市场份额。在相当长的时间里，维萨卡和万事达卡是作为非营利性组织注册的，到了二十一世纪，维萨卡和万事达卡终于没有耐得住寂寞：从非营利组织转变为上市公司。不过，维萨卡和万事达卡的垄断地位也给它们带来了麻烦。

2004年，被维萨卡和万事达卡长期打压的美国第三大信用卡网络——美国运通公司，向这两家信用卡网络和几家操纵维萨卡和万事达卡董事会的大银行发起了反垄断诉讼。美国的第四大信用卡网络——美国发现卡，也随后加入了诉讼。长期以来，维萨卡和万事达卡不允许加盟银行加入其他信用卡网络，这样的规定违反了美国的反垄断法。原告方认为："维萨卡和万事达卡长期以来以卡特尔的形式限制竞争，无视美国消费者的利益。"这个官司一直打到了美国最高法院。最高法院最终维持了联邦法院的判定：维萨卡和万事达卡的垄断行为给美国消费者和其他信用卡网络带来巨额损失。2008年，这个诉讼终于尘埃落定，维萨卡、万事达卡和其他信用卡网络达成妥协，由维萨卡和万事达卡赔偿美国运通公司39亿美元，赔偿美国发现卡公司27.5亿美元。到2009年，维萨卡和万事达卡又因为店大欺客的坏习惯，再次被联邦法院修理。维萨卡和万事达卡掌握了世界上最大的信用卡网络，它们规定，零售商如果要加入维萨卡和万事达卡的信用卡网络，就必须也同时接受维萨卡和万事达卡的借记卡。这在无形之中强行对客户推广了维萨卡和万事达卡的借记卡业务。因为这个原因，这次维萨卡和万事达卡在反垄断诉讼中再次败诉，不得不向美国的零售商支付11亿美元的赔偿。目前，维萨卡和万事达卡还面临其他一系列的反垄断诉讼。

维萨卡和万事达卡网络是由银行信用卡发展而来，这些信用卡从一开始就有循环借款功能，透支的利息是发卡银行的重要收入。美国运通卡、发现卡和餐者俱乐部卡，则属于另外一种信用卡。这些信用卡是从借记卡发展而来，在早期，这些信用卡不具有循环借款功能。早期的运通卡和餐者俱乐部卡需要每月结算一次，持卡者必须每月付清账目余额，而且不需要支付利息。后来随着美国政府对金融业的放松管制，运通卡和餐者俱乐部卡也开始发行循环借款卡，从使用功能上，这些卡和维萨、万事达银行信用卡没有区别。不过从信用卡公司的经营上，美国运通卡和发现卡都拥有自己的信用卡网络，不需要与维萨卡和万事达卡网络打交道。针对维萨卡和万事达卡的反垄断诉讼判决以后，美国的银行也开始通过运通卡和发现卡网络发行信用卡。目前，维萨卡、万事达卡、美国运通卡和发现卡这四家信用卡网络几乎没有区别。但是，维萨卡和万事达卡依然占有绝对的市场份额，一些小的商家还不能接受美国运通卡和发现卡。

信用卡中历史最悠久的种类，是商家自行发行的信用卡——自有品牌卡。这种信用卡一般只能在发卡商家使用，卡上不带维萨卡和万事达卡网络的标志，只有自己商店的标志，所以被称为自有品牌。美国的大连锁百货公司、石油公司，甚至电话公司都发行这样的信用卡。目前在美国消费信贷市场上，这些卡还占有一席之地。不过，由于使用上的局限性，自有品牌卡逐渐向两个

美国信用卡网络市场份额

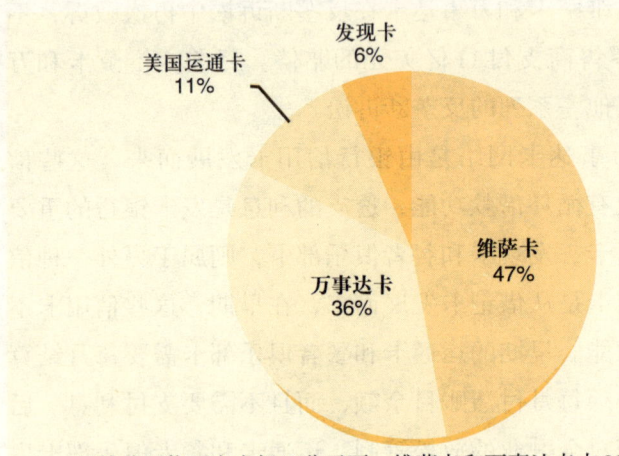

- 发现卡 6%
- 美国运通卡 11%
- 万事达卡 36%
- 维萨卡 47%

目前美国信用卡市场四分天下,维萨卡和万事达卡占83%的市场份额。

资料来源:Nilson Report. April, 2009。

方向发展:加盟信用卡网络,或者被大银行兼并。美国最大的自有品牌卡是希尔斯百货卡。希尔斯百货公司本来发行只能在本公司使用的自有品牌卡,后来为了增加发行量,也开始发行带维萨和希尔斯标志的希尔斯卡。这样的信用卡可以在任何一家维萨和希尔斯网络里的商家刷卡。到2003年,希尔斯百货公司面临经营困难,把希尔斯卡的品牌和所有希尔斯信用卡账户出售给花旗银行。希尔斯卡最后演化成了花旗银行旗下的一张银行信用卡。

1990年,美国最大的电信公司——美国电报电话公司,推出了AT&T全球通卡。AT&T全球通卡面向AT&T的忠实顾客群,终身免年费,兼容长途电话卡。美国电报电话公司针对不同的客户特征采取不同的营销策略,受到了客户的极大欢迎。AT&T全球通卡在发行之初,对银行信用卡有很大冲击。不过,到了九十年代以后，随着美国电信业合纵连横，美国电报电话公司和其他贝尔地方电信公司之间反复地兼并分裂，美国电报电话公司自身难保，AT&T 全球通卡最后被花旗所并购，也变成了花旗旗下的一张银行信用卡。

　　自有品牌卡的另外一个发展趋势，是使用自有品牌信用卡来实施发卡商家的零售营销策略。一些大连锁百货公司都拥有自己品牌的信用卡，这些卡只能在自己的百货公司里使用。对于消费者来说，这并不一定方便，然而，百货公司却可以通过信用卡来进行促销。美国的高档百货公司梅西百货，发行梅西信用卡。梅西百货的顾客如果申请这张卡，当天就可以取得15%—20%的购物折扣。在梅西百货公司的很多促销活动中，只要使用梅西信用卡购物，顾客就可以获得10%的折扣。梅西百货公司还通过梅西信用卡来实现一个重要的市场营销策略：梅西百货公司通过统计模型和数据挖掘（data mining）的方法，分析梅西信用卡持卡人的购物数量、频率、购物的种类和特征。再根据这些数据和统计模型，制定适合不同消费者群体的营销策略。针对不同消费者群体的特点，梅西百货公司每周会给特定的顾客群邮寄不同的广告、产品目录和购物折扣券。在使用数据挖掘方法之前，梅西百货的这类促销邮件只有8%的成功率；而通过数据挖掘和统计模型预测，梅西百货在某些促销活动中，达到了44%的成功率。[1]梅西百货通过梅西百货信用卡的营销，增进了顾客忠诚度，增加了销售量，达到了扩大和保持市场份额的目标。

　　自有品牌卡在市场营销上的另一大功用，是以信用卡为载

---

[1] Joan Anderson, Antigone Kotsiopulos 2002: "Enhanced Decision Making using Data Mining: Application for Retailers", *Journal of Textile and Apparel, Technology and Management*.

体，向顾客提供低息消费信贷和分期付款，以此促进销售。在美国，67.8%的人拥有自己的房屋，美国人喜欢样样事情自己动手（DIY）。按照国内某些休闲杂志的介绍，这是因为美国大多数家庭拥有独立房屋，美国人又富有环保精神，崇尚自主独立，向往低碳生活，一切都愿意自己动手。不过，自从买了房子，王蜀南发现，DIY的理由固然冠冕堂皇，但美国人样样事情自己动手，真正的原因，恐怕更多是因为人工太贵：很多人买得起房子，却修不起房子。美国的很多房子在临街的一面是砖墙，在侧面和背面却是木头或者塑料材料墙面。无他，只是因为美国的泥瓦匠的工资太贵。一栋两百平米的两层楼独立别墅，如果多加一面砖墙，要多耗费两万多美元。很多波兰泥瓦匠搞一个签证到美国干一个夏天，就够回波兰吃好几年。所以，美国的有房阶层大多数自己装修维护房子。王蜀南也不例外。王蜀南的车库和地下室里摆满了各种工具，电锯就有四种：手持型的电锯用来锯小型木料，台式电锯用来锯板材，手压式的电锯用来锯需要精确角度和尺寸的木料，链式电锯用来锯树木。王蜀南有这么大的工具库，可不是因为他是个"工具控"，也不是因为他羡慕德克萨斯州"电锯连环杀手"。美国的独立别墅房屋，几乎都是木结构的，一年到头的维护、粉刷、修补工作不断，再加上一个大院子的草坪、花园、树木需要打理，美国的家庭妇男们，夏天剪草，冬天铲雪，春天栽花，秋天扫叶，练就了一副好手艺。王蜀南每次需要修理房子或者打理院子时就做个计算：这个项目请人做需要多少钱，要是买个工具自己做又需要多少钱？十有八九的结果是，买来所有的工具和材料自己做，花的钱比请人做要少很多。这样几年下来，王蜀南的各式工具就置办得非常齐全了。

自己动手的风气导致美国的建材装修行业异常发达。在美国最大的建材装修连锁零售店——家得宝，顾客们可以买到建筑装修所需要的一切——小到各式螺丝钉，大到建整幢房子所需的建材。家得宝的顾客们还可以租到从电钻到小型推土机在内的各种工具。在房地产泡沫破灭后的2008年，家得宝在美国的销售额居然达到了712亿美元。家得宝卡在家得宝的经营策略中占有极其重要的地位。我们知道，美国人大多是没有积蓄的，很多建材和装修项目耗资不菲，为了促进对这些大宗商品的购买，家得宝通过家得宝信用卡给顾客提供低息，甚至无息的贷款，来促进顾客的消费，争夺市场份额。每年初春，装修房屋的季节才刚刚开始，家得宝就会推出六个月甚至十二个月的无息贷款的促销。只要顾客使用家得宝信用卡在本店购物一次超过100美元，就可以享受这些无息贷款的优惠。

　　美国几乎所有经营大件贵重商品的零售商也都有类似的策略。美国人买大屏幕电视的时候，一般不会现金付款。一方面是因为美国人习惯借贷消费，寅吃卯粮；另外一个原因，是美国的电器零售商通过本店发行的自主品牌信用卡，给顾客提供分期贷款服务，以此促进大额高档消费品的销售。如果打开美国最大的家电连锁商百思买每周的广告，几乎都会看到这样那样的促销：二十四个月免利息，十二个月不需付款……有了这样的低息促销，囊中羞涩的消费者就可以利用分期付款的便利，购买平时买不起的商品；本来只准备购买52英寸LED电视的消费者，也可以升级买台65英寸的电视。这样的促销当然是零售商喜欢的方式。

　　留学生出身的王蜀南，保持着中国留美学生的光荣传统——花钱小气。所以，他对这些无息贷款的促销机会当然不肯放过。

王蜀南婚变以后，一朝被蛇咬，十年怕井绳，对所有美女有了戒心。不过，自从王蜀南到芝加哥以后，上帝在这里关了门，却又在那里开了窗。在一次偶然的机会中，王蜀南认识了现在的妻子佟璋。结识了这位聪明又温柔的女孩子以后，王蜀南才发现，这个世界上居然也还有既长得漂亮，又心肠好的女孩子。经过马拉松式的恋爱，两人终于到了谈婚论嫁的地步。王蜀南虽然花钱小气，但是对于来之不易的甜蜜爱情，却不愿意省钱。所以，在赛尔钻石专卖店挑订婚戒指的时候，王蜀南一咬牙挑了个一点五克拉的大钻戒，标价 8 999 美元。佟璋试戴着大钻戒，满心欢喜，却说："我的手小，这个戒指显得太大。"王蜀南心里暗暗高兴：当一个女人嫌男人给她买的东西太贵的时候，是不是表明这个女人真正爱上了一个男人？导购小姐和她的同事们惊呼："我们在这里工作这么多年了，从来没有听女人抱怨过钻石太大！"她们觉察出这对新人正在犹豫，马上展开和风细雨般的教育：从钻石如何永恒，到结婚是女人人生的最重要里程碑；从这个钻戒在佟璋手上是如何光彩照人，到女人应该拥有一个自己青春永恒的印记。动之以情，晓之以理，让两人不得不点头称是。最后，售货小姐又加上压倒骆驼的最后一根稻草："现在我们有一个促销计划：只要你申请一张赛尔信用卡，用这张卡买这个钻戒，赛尔公司可以提供十二个月的无息贷款。"

这样，佟璋戴上了闪闪发光的大订婚钻戒，王蜀南也先省下了 9 000 多美元（8 999 美元的价格加上销售税，就变成了 9 000 多美元）。回来以后，王蜀南把这笔本来计划买订婚戒指的 9 000 美元投资到股市，一年以后清仓。除去还清了赛尔信用卡上九千多美元的无息贷款，居然还小有收获。（这件事发生在千禧之年，属上古化石时期经验，当时股市尚处于史前幸福年代，请各位读者切勿效仿！）

　　世上没有无缘无故的爱，信用卡公司的零利息和零付款促销不仅为公司带来商机，也给信用卡消费者带来了隐藏的陷阱。在各种零利息和零付款的信用卡促销里，常常都有一些隐含的条款，有时也称小字条款（fine print）。这些条款躲在信用卡合同中。美国的信用卡合同，一般都用特别小号的字体印刷，长达十几页，往往不提行、不断句，充满各种晦涩的法律用语。这些信用卡条款，很容易被普通消费者忽略。通常，美国的零利息信用卡促销都带有如下条款：（1）信用卡持卡人必须按时支付最低付款金额。如果持卡人拖欠付款，信用卡公司可以立即取消零利息促销，或者要求立即偿付全部贷款额。（2）信用卡将按照通行利率，累计计算在零利息促销期内的潜在利息。如果持卡人在零利息促销期结束之前，付清了信用卡上的借款，信用卡将不会收取任何利息费用。如果持卡人在零利息促销期结束之后，尚未付清信用卡上的借款，信用卡将把累计未收的利息全部加在现有的信用卡账户余额上。通常，零售业公司使用市场营销的资金来资助这样的零利息的促销活动。但是，很多顾客在零利息促销期结束后，还不能还清借款，因此他们还需要支付累计的利息。所以，在这样的零利息促销中，零售商常常不仅不需要支付利息成本，反而可以从零利息客户那里赚取利息。

　　比如说王蜀南在赛尔信用卡上的9 000多美元，按照赛尔卡19.99%的年利息，采用信用卡公司常用的复利计算方式，十二个月累计利息1 800多美元。王蜀南在十二个月零利息促销期结束之前，就从股市里抽回资金，还清了赛尔信用卡的欠款，这样就不需要支付任何利息。但是，如果王蜀南和很多美国的消费者一样，十二个月之后不能付清全部账面余额，或者在这十二个月里有一次没有按时付款，那么，信用卡公司就会按照信用卡的条款，解除零利息的促销合同，这1 800美元的利息就会自动加在他的赛尔信用卡上。

大多数发行自有品牌卡的商家是零售行业企业，它们一般没有管理消费信贷和信用卡的经验和资源。因此，这些零售企业就和一些信用卡公司合作发行自有品牌信用卡。发卡的零售商家负责营销和品牌，银行和金融公司负责信贷和风险管理。通用电气公司的零售消费者金融部（GE Money Retail Consumer Finance），是世界上最大的自有品牌信用卡商。它拥有320亿美元的自有品牌信用卡信贷额，4 000万信用卡发行量。沃尔玛、劳氏这样的世界上最大的零售商，都通过通用电气发行自有品牌信用卡。花旗银行是世界第二大自有品牌信用卡商，发行梅西百货卡、希尔斯卡、康菲加油卡、埃克森美孚加油卡、家得宝卡，以及壳牌加油卡。汇丰银行在这个行业里排名第三。汇丰发行百思买卡、内曼·马库斯卡和萨克斯第五大道精品店卡。①

一些零售业商家也自己进入金融行业，独立发行信用卡。希尔斯百货就是一例。希尔斯不仅发行了希尔斯卡，而且推出了发现卡品牌和发现卡信用卡网络。然而在过去的二三十年里，希尔斯百货被沃尔玛和塔吉特百货等折扣连锁零售商打得一败涂地，不仅丢掉了零售业世界第一的位置，而且现在成了王小二过年——一年不如一年。希尔斯对自己的老本行零售业都自顾不暇，

---

① 内曼·马库斯卡（Neiman Marcus）：美国著名的豪华百货公司。萨克斯第五大道精品店（Saks Fifth Avenue）：美国著名的豪华百货公司。

只好把信用卡生意一个个卖了变成现金，填进零售部门亏损的无底洞里去。希尔斯百货现在已经完全退出了信用卡领域，希尔斯信用卡被出售给了花旗银行，发现卡被出售给摩根斯坦利。美国的第二大零售商塔吉特百货，现在是美国最大的独立发行自有品牌信用卡的零售商。塔吉特百货卡目前的持卡人数达2 300万，年刷卡金额77亿美元，其持卡人数在全美信用卡发卡商中排名第九。

目前，美国有15亿张正在流通中的信用卡。无论发卡的商家是银行、信用卡公司、零售商，还是信用社，也无论信用卡网络是维萨、万事达、运通还是发现卡，它们都"来自五湖四海，为了一个共同目的走到一起来了。"信用卡的功能越来越趋向世界大同，信用卡网络覆盖越来越远达地极。然而，信用卡市场的份额在近年内却变化不大。美国信用卡市场就是这么大一张饼，又赶上经济停滞不前，各家信用卡公司为争夺市场份额，斗得你死我活。

2009年，美国的GDP增长率大约为0.2%。在联邦政府耗资7 870亿美元进行经济刺激计划的推动下，美国经济在2009年底开始有点复苏的迹象，而失业率仍然高达10%左右。奥巴马总统声称，政府的经济刺激计划已经保住了200万个就业机会。这个消息通过奥巴马总统抑扬顿挫的天才演讲技巧说出来，显得义正辞严，让人觉得奥巴马政府又取得了一个胜利。

不过，像王蜀南这样的喜欢倒腾数字的WSN，却怎么也不能信服：如果7 870亿美元保住了200万个就业机会的话（还只是保住了这些工作，而不是创造了新的工作机会），用小学三年级算术来计算：7 870亿美元除以200万等于39.35万美元。难道美国人要花39.35万美元才能保住一个就业机会吗？我们每天骂中国的贪官大吃大喝，挥霍无度，他们好歹也带动了中国餐饮娱乐业的发展，推动了GDP的增长。我们一向认为美国在各个方面都比中国先进，然而，这美国联邦政府浪费起来，比中国人不知厉害了多少倍。美国政府刺激经济的钱打了水漂，连响声都没有听到一个。这平均的39.35万美元，就是拿去吃喝，按照美国的高工资标准，也能养活十来个厨子和跑堂的啊。这样崽卖爷田式的浪费，谁能吃得消？

不过，美国联邦、各级州和地方政府早就没有本钱浪费了，现在美国浪费的不是爷爷的钱，而是子孙后代的钱——各级政府都靠政府赤字、发行国债和地方政府债券来维持。至于以后怎么还这些债务，那就只能说"儿孙自有儿孙福"了。美国各级政府每天都在哭穷，不是要再多借国债，就是要从老百姓那里多收税。难怪有美国人要开着飞机，去自杀式攻击美国国税局大楼。在这样的大环境下，大多数美国消费者都不敢增加消费，信用卡持卡人也就减少了刷卡。信用卡市场萎缩，2009年，信用卡消费额萎缩了将近20%，信用卡市场这个大饼不仅没有增长，而且有缩小的迹象。信用卡公司之间的竞争，只能用残酷来形容了。

第十章

五十四亿份信用卡促销信
残酷的银行竞争和兼并

> "人生只不过是一场努力成为罪犯,而非受害者的竞争。"
> ——伯特兰·罗素

2008年6月,一家美国市场调查公司公布了美国银行声誉的排名。① 名列前五的银行是:

1. 华盛顿互惠银行(Washington Mutual)
2. 太阳信托银行(SunTrust Banks)
3. 美联银行(Wachovia)
4. 国立城市银行(National City)
5. 富国银行(Wells Fargo)

到2009年6月,排名前五的银行已经有两家不复存在。排名榜中的第一名——华盛顿互惠银行,因为次贷问题,宣告破产,被大通银行接收。排名第三的美联银行,也因为经营困难,被排

---

① "Reputation Institute Global Pulse Survey". June, 2008.

名第五的国富银行收购。

王蜀南有幸在华盛顿互惠银行工作过。这家银行曾经是美国消费者最满意的银行，那时候还是美国房地产热的高潮时期。二十世纪九十年代以来，华盛顿互惠银行从一个美国西部的小型储蓄机构，一路过关斩将，兼并扩张，成为美国房地产按揭贷款的巨头。国内有一种说法，房贷按揭就是把房主按在地上，再揭一层皮。我们知道，能随便扒皮的不是姓周的地主就是银行。因此，在正常情况下，房地产按揭贷款是个很好的扒皮行业，风险不高，利润稳定。

当房市上升的时候，这个行业阳光一片。美国房地产按揭贷款很大的一部分业务来自新房购买时的按揭贷款。比如，房奴王蜀南贷款买了一栋57.5万美元的房子。按照美国房地产行业的通行规则，王蜀南需要首付20%，11.5万美元；剩下的80%房款，46万美元，王蜀南可以从银行以8%的利率取得按揭贷款。从2002年到2006年，美国联邦储蓄银行一路降息，所以，房地产借贷的成本也越来越低。当三十年期的房贷利率为8%的时候，王蜀南的46万美元按揭贷款的月供为3 375美元；当利率降低到5%的时候，王蜀南的月供就降到了2 469美元。按照中国人的消费习惯，自然是节省下来好多资金。然而，美国人的习惯则是，既然能够负担起3 375美元的月供，为什么不买更大的房子呢？按照三十年期5%的房贷利率，如果月供3 375美元，借款额就可以达到62.87万美元。所以降息以后，美国人能够买得起更贵的房子，也因此，房地产市场的需求量增加，这进一步推动了房地产市场的价格上升。房地产市场的价格上升，使得美国人的账面净资产额（home equity）增加，这又带动了房产净资产贷款和房贷按揭再融资的火热。

王蜀南在华盛顿互惠银行的时候,他的工作就是管理房产净资产贷款。房产净资产贷款也称第二房贷按揭贷款,或者第二抵押权按揭(second mortgage),这是美国房地产金融业的一大特色。如果说按揭是把房主按在地上揭皮,那么第二房贷按揭,就是把房主按在地上,再揭上第二层皮。美国很多的业主在借了房贷以外,还可以借第二房贷按揭。比如房奴王蜀南贷款买了一栋57.5万美元的房子,按照美国房地产行业的通行规则,王蜀南需要首付20%,11.5万美元;剩下80%的房价,46万美元,王蜀南从银行以5%的利率取得按揭贷款。因为房地产按揭贷款属于抵押贷款,所以,银行通常认为房地产按揭贷款的风险比较低,因此,房贷按揭的利率也比其他贷款的利率低。王蜀南的房产价值57.5万美元,抵押贷款了80%的价值,那么剩下的部分,也就是王蜀南已经首付的11.5万美元,可以算作王蜀南拥有的净资产。按照美国银行业的规则,房主可以用这部分房子的净资产作为抵押,来取得贷款。

有一天,房奴王蜀南忽然想要改变自己的WSN形象,把自己老掉牙的丰田佳美轿车换成宝马335i两门跑车,这需要5万美元现金。如果王蜀南借车贷,利率会高达9%;而另外一种更经济的贷款方式是,王蜀南用他的房产的净资产值作为抵押,取得利率为6%的5万美元第二房贷按揭,然后使用这笔钱买这辆宝马。这样的第二房贷按揭,因为是房屋抵押贷款,利率比别的贷款低。而且美国的个人所得税法规定,以房屋为抵押的贷款所支付的利息,常常有税务上的优惠。所以,这样的贷款很受美国消费者的欢迎。美国人常常把他们的房子当成ATM提款机。按照合同规定，第二房贷按揭在偿付程序中，比第一房贷按揭的地位更低。也就是说，假如房奴王蜀南哪天真的没有钱付按揭，被银行告到法院，法院判决银行可以没收所抵押的房产（foreclosure）进行拍卖，那么，第一房贷按揭银行比第二房贷按揭银行有优先权。所以对于银行来说，第二房贷按揭比第一房贷按揭的风险更高，因此，第二房贷按揭的利率比第一房贷按揭的利率也更高。

在房地产热的高潮中，房价飞涨，银行对房屋的估价升高，业主在账面上拥有的房产净资产一路攀升。业主的可以贷款的额度也一路上升。比如，王蜀南的房子以前的价值是57.5万美元；借了80%，也就是46万美元的按揭；又借了5万美元的第二房贷按揭；总贷款额为51万美元。按照银行的风险管理规定，王蜀南房子的资产负债比例是51万除以57.5万等于88.7%。在房地产热中，王蜀南的房子增值到了90万美元。按照银行的资产负债比例公式，王蜀南房子的资产负债比例是51万除以90万，等于56.67%。按照银行的风险管理规定，王蜀南以房子抵押贷款总额最高可以达到资产负债比例的90%，即81万美元。也就是说，王蜀南还可以再多借30万美元。全美国房地产市场的上升，带来了全美国业主的账面资产的增加，随之也带来了以房地产为抵押的各种贷款的增加。当利率降低、房价上涨，很多美国的房屋业主会选择做再融资，用一个数额更大的房贷按揭去代替以前的一个较小的房贷按揭。因为利率下降，每月的月供持平，但是新借出来的按揭不仅可以还清以前的按揭，而且业主还可以多借出来很多现金。

普通美国人的消费特征是，有钱就用光；没有钱，就借钱来用。所以，美国业主的房贷按揭常常越付越多。王蜀南房子的前一任房主就是个典型的例子：这对老夫妻在1980年，以18万美元买进了这栋3 400平方英尺的房子，到了2004年，他们以57.5万美元的价格把这栋房子卖给王蜀南。房子交割的时候，他们还欠银行37万美元。在此之前，他们已经把这栋房子再融资了四次，每次再融资的时候，他们都会借更大的一笔新的按揭贷款，还掉以前的按揭贷款，多出来的一部分钱，就成为他们额外的收入。依靠房地产升值，这对老夫妻前后盈利了将近39.5万美元。这也就是说，这对老夫妻的奔驰S500轿车、24英尺长的小型游艇，以及每年到加勒比海的豪华度假，都已经从王蜀南下半辈子要付的46万美元的房贷按揭里支取了。

与房地产泡沫同时进行的是银行业的疯狂创新。各大银行想尽办法来扩大业务，占领市场份额。这对房地产贷款的膨胀又起到了推波助澜的作用。第二房贷信用额度贷款（Home Equity Line of Credit Loan, HELOC Loan）就是个很成功的发明。这种贷款在抵押贷款的性质上和第二房贷按揭贷款的性质一样。不过这种贷款给房主一个信用额度，房主在这个信用额度内可以进行循环贷款，自由提取贷款。有的银行会给第二房贷信用额度贷款的房主发一本空白支票，房主可以随时在信用额度内写支票透支贷款。

另外一些房地产金融业的创新发明就更加过分。美国房地产贷款一般要求贷款额少于房屋价值的80%。也就是说，买房的首付必须高于20%。为了争夺市场份额，银行开始用一些自欺欺人的方法来批准更多的贷款。如果买方没有20%的现金首付，在房价80%的房贷按揭贷款之外，银行就会想办法给买方再借一个相当于房价10%的第二房贷按揭，这样买方只需要房价10%

的现金就可以成交。美国房地产贷款一般还要求，房贷按揭月供数额应该低于业主每月税前收入的三分之一。如果业主的收入达不到要求，银行又会想一个办法来降低月供数额。最常见的就是把固定利率房贷改成浮动利率房贷。浮动利率房贷的利率一般低于固定利率房贷，所以，月供数额也低一些。更极端的做法是，银行提供只支付利息的按揭。这种按揭的月供只用来支付利息，按揭贷款的本金一直不会降低，所以，月供数额就可以降低很多。使用这样的贷款方法，银行可以帮助买方取得他们平时不可能取得的高额房贷。然而这样的房贷按揭的危害却是显而易见的：在这种贷款下，业主永远不可能付清按揭。

在房地产泡沫上升期，以房贷为主体的美国消费金融市场一路攀高，信用卡行业也在这个金融和消费的高潮中受益。由于房地产业飙升，美国人在账面上的资产额随之狂升，信用卡的贷款额度也随之扶摇直上。 然而，2007年以后，房地产泡沫破灭，银行按揭贷款利率上升，许多使用浮动利率按揭贷款的业主的供数金额急剧上升。他们不再能够负担每月的按揭付款，最终只有宣告破产。另外一方面，房价下降，银行的房贷借款额低于房屋的市场价格，银行即使没收了破产的房子，也收不回贷款出去的金额。以房贷按揭贷款为基础的巨额债券马上就失去了信用。美国的金融体系和银行信用几乎到了崩溃的边缘。

2008年，金融危机使得美国的金融业重新洗牌，一些百年老店轰然倒下，银行之间的竞争和兼并让人应接不暇。作为银行金融业的一部分，信用卡行业中的竞争更加惨烈。与普通的银行业务相比，信用卡公司的业务更加要求规模效应。在银行运行信息化、服务外包化的二十一世纪，维持一个信用卡公司运转所需要的固定成本越来越大，而运营的可变成本则相对越来越小。市场营销部门、信用风险管理部门、信息技术部门这些信用卡运营的重要部门，对于信用卡公司来说是固定成本，不管是发行了五百万张信用卡，还是五千万张信用卡，信用卡公司都需要维持数千人的信用风险管理、市场营销和信息技术支持。而耗费人工的客户服务和坏账托收这些业务，公司可以外包到印度等低成本的地区，使得运营的可变成本相对较小。大型的信用卡公司的固定成本相差不大，因此，信用卡公司的规模越大，发行的信用卡数量越多，分摊到每张卡的平均成本就越小。对于美国的信用卡公司来说，做大做强是它们经营的目标。美国的信用卡公司作为银行业的一部分，做大做强的方式有两种：蚕食和鲸吞。

蚕食，也可以称为自然成长（Organic Growth），即通过公司自身的营销手段来获取客户，扩大经营规模。美国第一资本金融公司（Capital One Financial Corp）的历史就是高速自然成长的典型成功案例。第一资本在美国信用卡交易金额排名第五，发卡数量排名第六，[①] 全球财富五百强排名第一百四十五位，2008年收入187亿美元。但是与花旗、大通、运通这样的百年老店相比，第一资本历史短、出身低，属于新暴发户一类。美国第一资本金融公司成立于1988年，前身是美国弗吉尼亚州的地方银行Signet银行的信用卡部。

第一资本从美国南方小银行的信用卡部成长为全球财富五百强企业，其战略中最重要的部分包括：先进的信息技术、激进的市场营销战略、全面的直接营销和信息化的客户关系管理。第一资本有一个强大的信息技术部门，通过电子信息化，公司降低了

---

① Nilson Report, August, 2009.

信用卡的营运成本。由于信用卡数据的高度信息化，第一资本可以使用先进的数据挖掘技术，来进行信用风险和市场营销分析研究，创建预测模型，从而控制相关的信用风险，并且制定激进的市场营销战略。

在市场拓展上，第一资本使用大规模的直接营销方式，直接向消费者邮寄信用卡申请邀请信和预批信用卡批准信。第一资本每年向美国消费者寄出的信件多达12亿封。平均每个美国成人每年可以收到六封第一资本寄来的信用卡推销信。由于它每年的邮件数量如此巨大，第一资本是美国邮政局唯一给予邮资打折的企业。由于统计模型和数据挖掘技术的运用，第一资本可以通过消费者的特征来预测哪些消费者更愿意接受第一资本信用卡申请邀请，从而减少邮寄和信件的成本。通过统计模型，第一资本还可以预测出哪些信用卡客户的风险更小，长期的利润更高。第一资本在直接营销推广中可以挑选高利润的客户，拒绝高风险的客户。第一资本还可以使用数理模型来优化信用卡利息和投资额度设定，这样，第一资本就可以最大限度地降低信用风险成本，取得利润最大化。有了信息技术和数理模型的精确指导，再加上每年十几亿封信用卡申请邀请信的狂轰滥炸，第一资本就迅速从不起眼的南方小银行成长为全球财富五百强企业。

这种以直接营销信件为中心的成功的扩张策略，在信用卡公司中风行，在金融危机之前达到了高峰。2007年第三季度，美国信用卡公司给消费者邮寄了18亿份信用卡申请邀请。可以说，如果你是美国的合法居民，只要年满18岁，没有欠债不还，不管你是没有收入的学生，还是吃退休金的老人，你每个星期都会在邮箱里收到信用卡公司寄来的信：邀请你申请信用卡。 美国人口总数为3亿，减去18岁以下的少年儿童，剩下2.3亿；再减去信用记录不良的成年人（占美国人口的25%），只剩下1.7亿。美国目前有近15亿张已发行、激活的信用卡，平均每个人已经有八到九张信用卡。在争夺顾客的竞争中，信用卡公司对这1.7亿人绞尽脑汁，极力讨好。大多数信用卡本身就附带有各种优惠功能：累计航空公司里程、累计奖励点数、现金折扣、附送免费保险、延长产品保险、免付年费。不过，为了吸引顾客，这些优惠还不够，信用卡公司还得给出更多的诱饵。最常见的是信用卡申请的奖励。

王蜀南当年为了件T恤衫，就去填了一张信用卡申请表。现在看来，实在是太廉价了。对于比较高端的消费者，信用卡公司给出的信用卡申请的奖励，其价值可以达到200－300美元。王蜀南在高档百货卡森公司买家具的时候，也用过类似的方法。王蜀南的太太看上一套樱桃木卧室家具，售价3 500美元。在购买这套家具的过程中，王蜀南没有使用现金，而是申请了一张卡森百货信用卡。按照卡森百货信用卡促销条款，如在申请信用卡的当天使用卡森信用卡消费，可以获得10%的购物折扣。因此，王蜀南总共得到350美元的折扣。

航空公司的里程信用卡也有类似的促销计划。王蜀南的很多同学申请过大通银行的美国联合航空公司大通里程卡。申请一旦被批准，申请人很快就可以免费取得25 000英里的美国联合航空公司里程，这正好可以兑换一张美国国内的往返机票。一张提前预订的美国国内往返机票，一般价值在200－400美元，因此，航空公司的里程可以折算为大约每英里一美分。而省钱高手王蜀南当年做学生的时候，曾经把这个优惠发挥到了极致。中美之间的直飞航线，一般经济舱往返票价在1 000美元左右。暑期的价格可以高达1 500到2 000美元。美国联合航空公司规定，70 000英里联航里程可以兑换一张中美航线往返机票。王蜀南在美国国内出差、回国探亲都一直坐美国联合航空公司的飞机攒里程。有一年，王蜀南正好计划暑假回国，放假前两个月，发现机票涨到了将近2 000美元一张。查一查自己攒的美国联合航空公司的里程，才积累了44 500多英里。王蜀南赶快去申请了一张美国联合航空公司的大通里程卡。二十多天以后，25 000英里的里程转到了王蜀南的美国联合航空公司的里程账户上，总里程累计达到了69 500英里。

　　这剩下的500英里的里程却来得非常艰难。有一天，王蜀南在美国联合航空公司的网站上发现了一个促销计划：联合航空的顾客如果通过FTD.COM鲜花快递公司给人送价值50美元的玫瑰，联合航空公司将免费赠送600英里的里程数。看了这条广告，王蜀南觉得真是天助我也。然而，当时的王蜀南，刚刚经历了婚变，实在想不出自己可以给谁送玫瑰。不过，北大高材生王蜀南才思敏捷：我自己不送人花，我可以帮别人送啊？难道别人不要免费的东西吗？前几天，同一个研究生助教办公室的哥们张木，不就抱怨说想送女朋友玫瑰又觉得太贵吗？正想着，张木同学就推门进来了。王蜀南的敏捷才思马上落到了实处：

　　"张木，我送你女朋友一束玫瑰吧。"

　　张木的眼睛瞪得老大："王蜀南，你小子离婚离得精神错乱啦？"

　　"哦，不对不对，我的意思是说，我免费出钱，帮你以你的名义给你女朋友送花。事情是这样的……"

　　信用卡专家王蜀南，常常自吹自擂自己利用信用卡优惠的精明，所以在中国同学里出了名。不过，利用信用卡转账来节省信用卡利息的高招，王蜀南却还没找到正经的传授机会。因为在美国的华人一般不会借贷消费，所以，中国人很少有欠一大堆信用卡债务的。信用卡余额转账优惠，是信用卡公司吸引顾客的常用招数。这种促销计划很受背负信用卡债务的消费者的欢迎。王蜀南当年为五张刷爆的信用卡烦恼的时候，就常常用这一招来对付信用卡利息问题。那时候，王蜀南国际搬运来的美女前妻拍拍屁股远走高飞，给王蜀南留下了高达8 000多美元年利息百分之十几的信用卡债务。当时，王蜀南手中有五张信用卡：花旗卡、运通卡、发现卡、威斯康星大学信用社的一张维萨卡和一张万事达卡，涵盖了美国四大信用卡网络，占了美国信用卡公司前六名中的三个。这些卡的信用额度从500美元到3 000美元，几乎张张都被刷爆。穷留学生王蜀南每天都为这些信用卡账单发愁。

不过，竞争中的资本家肯定不是铁板一块，王蜀南老老实实地按时支付信用卡最低付款额，几个月之后，就收到一封美国第一资本信用卡公司的直接营销信。"亲爱的王蜀南先生：我们热切地邀请您加盟美国第一资本信用卡。我们的记录显示您拥有良好的信用状况和个人金融状况，我们认为您可以成为我们最有价值的客户。因此，我们邀请您申请美国第一资本信用卡。如果您的申请得到批准，您可以将您在别的信用卡上的账户余额转到美国第一资本信用卡，我们将给予您六个月的零利息优惠。"绝望中的王蜀南，自信心被打击得七零八碎，忽然间有家信用卡公司说自己金融状况良好，拥有良好的信用记录，是有价值的客户！仔细想想，好像也对，好歹自己是靠自己的头脑和双手吃饭，也算是个不大出名的名校的博士生。虽然自己现在欠债累累，可连信用卡公司也相信自己是个能够还得起债的人。黑暗之中的王蜀南，看到了一丝曙光，找回了一点自信。王蜀南还专门把这封颇具意义的营销信收藏起来。

有了一点自信的王蜀南，赶快申请了第一资本的信用卡，把正在付17.9%利息的5 000美元信用卡债转到了第一资本信用卡上。这个零利息促销一下替王蜀南省了不少银子。不过，当王蜀南还在对美国第一资本信用卡感激涕零的时候，却发现自己已经被第一资本信用卡暗算了一次。王蜀南第一次收到第一资本的信用卡账单时，才发现，第一资本收了150美元的转账手续费。王蜀南赶快翻出了那封颇具意义的营销信，仔细查看了上面的条款。

"零利息转账优惠"是用黑体大号字体注明的，然而在这行大号字旁边，有一个星号。按照王蜀南读历史课本的心得，凡是带星号和注释的地方，肯定有复杂情况：不是有别的历史问题，就是有什么正文里不方便说出的难言之隐。最后，在信的背面，王蜀南找到了这个星号的注释，是用五号的特小号字印刷出来的。王蜀南年轻，不需要老花眼镜就毫不费力地读了出来："对于信用卡账户余额转账，第一资本要加收

▲各家银行、信用卡公司之间的竞争愈演愈烈。

3%的转账手续费,如果账面余额的3%不足25美元,转账手续费则为25美元。"王蜀南感叹道:这样的花招,真是防不胜防。不过仔细算算,这3%的转账手续费也比王蜀南当时正在付的17.9%的利息强。何况人家在合同里也算是注明了的。美国人重合同守契约,骗人的时候也要按合同行事。恩格斯说过:"按照资产阶级的理解,婚姻是一种契约。""资产阶级的婚姻是赤裸裸的金钱契约关系。"① 这句话让王蜀南一直耿耿于怀:这社会主义高等教育制度培养出来的美女,连赤裸裸的金钱契约都不如啊。看来还是自己上大学的时候太贪玩,没有学好马克思主义政治经济学。早知道这样,就该要一个资产阶级的婚姻:好歹还有遵守合同契约这一说。

又过了两个月,王蜀南接到一个信用卡促销电话。这一次,是信用卡巨头美信公司打来的。(美信信用卡公司在2005年已经被美国银行收购)。美信公司的客户服务员居然没有印度口音,操一口纯正的美国中西部口音的客户服务员告诉王蜀南:"您是美国威斯康星大学校友吧?威斯康星大学是个伟大的学校,威斯康星大学的橄榄球队是中西部大学里一流的球队。作为校友,您应该感到无比自豪。"王蜀南心想,这哪儿跟哪儿啊?威斯康星大学给我全额奖学金上学,我感激人家。不过这橄榄球,我到现在还没有搞清球赛的规则,何况,听说今年威斯康星大学橄榄球队打得很臭,在美国大学橄榄球队的十大联盟里面垫底。美信公司的客户服务员听电话那头没有反对的声音,就接着忽悠:"我们美信公司正在发放威斯康星大学校友会信用卡,这张信用卡上不仅有威斯康星大学的红色'W'标志,还有大学足球队吉祥物

---

① 弗里德里希·恩格斯:《家庭、私有制和国家的起源》,1884年。

的可爱形象。现在已经有几千个爱校如家的威斯康星大学校友申请了这张卡。王先生，您如果和他们一样热爱您的母校，您也应该申请一张，这样可以彰显校友的归属感和荣誉感。"

　　王蜀南当时正好在威斯康星大学研究马斯洛的需求层次理论，一向注重理论联系实际的他，对客户服务员活学活用地发表了一通理论联系实际的论述："人的需求有很多种层次。吃喝拉撒这样的东西是低层次的需求；校友的归属感和荣誉感是人的高层次的精神需求。人必须先要满足吃饱肚子的低层次需求，才能去追求别的高层次需求。俺就一穷学生，整天琢磨着怎么对付下个月的信用卡账单这类低等生理需求，像校友归属感和荣誉感这样的高档社交需求，还是等到以后再说吧。"听出王蜀南有挂电话的意思，美信客户服务员马上祭出了杀手锏："我们还提供十二个月的零利息转账优惠……"一听到"零利息"这个亲切的词语，王蜀南连忙提起已经放下一半的电话听筒："你怎么不早说呢？你能不能好事做到底，把转账手续费也给免了？"就这样，王蜀南申请了自己的第七张信用卡，也把所有的信用卡债务由高利息转成了零利息。信用卡公司这种信用卡余额转账的招数，对于有很多信用卡债务的卡奴们屡试不爽。一方面吸引了顾客，另一方面，直

▲ 带有威斯康星大学红色"W"标志，和威斯康星大学足球队吉祥物白金汉獾可爱形象的信用卡。

接抢了竞争对手的生意。

如果说依靠信用卡公司自身发展信用卡会员，扩展市场份额算是蚕食，那么，靠兼并别的信用卡公司或银行来扩展市场份额则是鲸吞。美国金融银行界的合并和收购非常普遍，王蜀南在芝加哥有一次甚至看到过这样的一个巨型广告牌："你的银行又改名了？"对此，王蜀南自己深有体会。1998年，王蜀南在芝加哥找到第一份工作，搬到了芝加哥，在芝加哥第一银行开了个银行账户。不久以后，又申请了一张芝加哥第一银行的万事达信用卡。到了年底，芝加哥第一银行被第一银行（Bank One）兼并，王蜀南的银行支票和信用卡都跟着改了名字。到了2004年，第一银行又被大通银行兼并，王蜀南的银行支票和信用卡又跟着改了名字。目前，美国信用卡公司按信用卡账户余额排名前十强的为：

信用卡发行商	信用卡账户余额（美元）
摩根大通 JPMorgan Chase	1658.7亿
美国银行 Bank of America	1508.2亿
花旗银行 CitiGroup	1025.4亿
美国运通 American Express	781.6亿
第一资本 Capital One Financial	554.6亿
发现卡 Discover Financial Services	489.0亿
富国银行 Wells Fargo	308.9亿
美国汇丰 HSBC	260.9亿
合众国银行 U.S. Bank	201.7亿
联合服务汽车协会 USAA	129.6亿

资料来源：Nilson Report. August, 2009。

银行信用卡公司之间的兼并，使信用卡的经营规模越来越大，这样可以减少信用卡公司的运营成本。据美国国家公共广播电台报道，2005年，美国银行以300亿美元的价格收购了美国的信用卡巨头美信银行，把美国银行的信用卡部和美信的信用卡部合并，随后就解雇了6 000名雇员。①

如果看看这些银行、信用卡公司在过去十几年的发展和兼并的历史，就会发现，不仅大鱼吃小鱼，而且大鱼也吃大鱼。在2008年的金额危机中，银行金融公司之间的兼并如同走马灯一般：摩根大通吃掉破产的华盛顿互惠银行，一跃成为世界上最大的信用卡发行商；花旗银行在危机中陷得太深，差点自身难保；第一资本在次贷危机中被迫放弃了次贷业务部绿点按揭（GreenPoint Mortgage）；富国银行吃掉美联银行，进入前十强。银行信用卡公司之间的兼并和收购的关系，恐怕比中国人的家谱图还要复杂。

这样的合并和收购的后果，是银行和信用卡公司越来越大，大信用卡发行公司的数量变得越来越少。一方面，消费者的选择变得越来越少；但是另一方面，信用卡行业却越来越像寡头垄断竞争：

信用卡网络一共有四家，信用卡发行商虽然数量众多，但是前十五名发卡银行几乎垄断了市场。这些大信用卡公司之间互相激烈竞争。从产品的差别程度上来看，信用卡的功能越来越趋同，差别越来越少。虽然信用卡公司不断地创新，但是信用卡的新功能很容易被竞争对手抄袭。比如，发现卡发明了刷卡现金折扣，一开始深受消费者欢迎，不久之后，大通、花旗、美国银行

---

① 美国国家公共广播电台（NPR）2005年6月30日报道（Jim Zarroli："Merger to Create Credit-Card Giant"）。

美国信用卡前八强公司家谱图

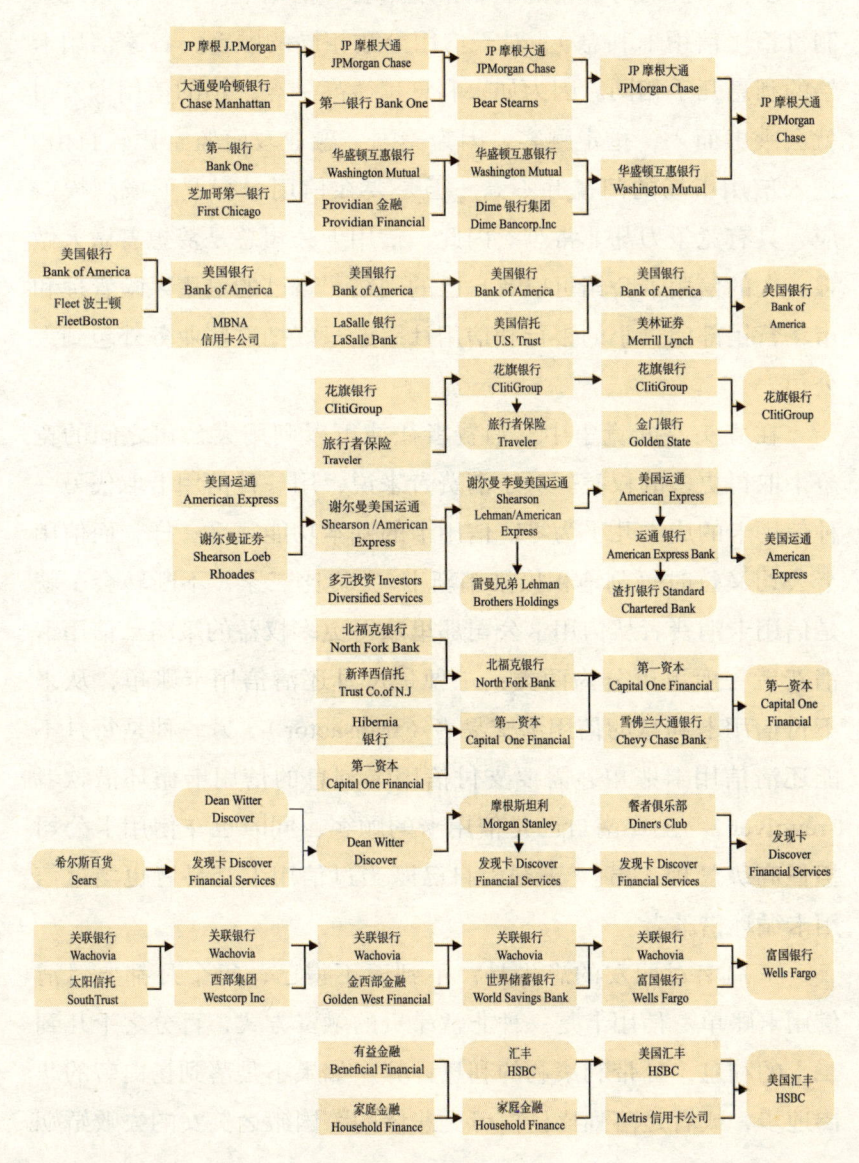

JP摩根大通 JPMorgan Chase
- JP摩根 J.P.Morgan
- 大通曼哈顿银行 Chase Manhattan
- 第一银行 Bank One
  - 第一银行 Bank One
  - 芝加哥第一银行 First Chicago
- JP摩根大通 JPMorgan Chase
- 第一银行 Bank One
- JP摩根大通 JPMorgan Chase
- Bear Stearns
- 华盛顿互惠银行 Washington Mutual
  - 华盛顿互惠银行 Washington Mutual
  - Providian 金融 Providian Financial
- 华盛顿互惠银行 Washington Mutual
- Dime 银行集团 Dime Bancorp.Inc

美国银行 Bank of America
- 美国银行 Bank of America
- Fleet 波士顿 FleetBoston
- 美国银行 Bank of America
- MBNA 信用卡公司
- 美国银行 Bank of America
- LaSalle 银行 LaSalle Bank
- 美国银行 Bank of America
- 美国信托 U.S. Trust
- 美国银行 Bank of America
- 美林证券 Merrill Lynch

花旗银行 CitiGroup
- 花旗银行 CitiGroup
- 旅行者保险 Traveler
- 花旗银行 CitiGroup
- 旅行者保险 Traveler
- 花旗银行 CitiGroup
- 金门银行 Golden State

美国运通 American Express
- 美国运通 American Express
- 谢尔曼证券 Shearson Loeb Rhoades
- 谢尔曼美国运通 Shearson /American Express
- 多元投资 Investors Diversified Services
- 谢尔曼 李曼美国运通 Shearson Lehman/American Express
- 雷曼兄弟 Lehman Brothers Holdings
- 美国运通 American Express
- 运通银行 American Express Bank
- 渣打银行 Standard Chartered Bank

第一资本 Capital One Financial
- 北福克银行 North Fork Bank
- 新泽西信托 Trust Co.of N.J
- Hibernia 银行
- 第一资本 Capital One Financial
- 北福克银行 North Fork Bank
- 第一资本 Capital One Financial
- 第一资本 Capital One Financial
- 雪佛兰大通银行 Chevy Chase Bank

发现卡 Discover Financial Services
- 希尔斯百货 Sears
- Dean Witter Discover
- 发现卡 Discover Financial Services
- Dean Witter Discover
- 摩根斯坦利 Morgan Stanley
- 发现卡 Discover Financial Services
- 餐者俱乐部 Diners Club
- 发现卡 Discover Financial Services

富国银行 Wells Fargo
- 关联银行 Wachovia
- 太阳信托 SouthTrust
- 关联银行 Wachovia
- 西部集团 Westcorp Inc
- 关联银行 Wachovia
- 金西部金融 Golden West Financial
- 关联银行 Wachovia
- 世界储蓄银行 World Savings Bank
- 关联银行 Wachovia
- 富国银行 Wells Fargo

美国汇丰 HSBC
- 有益金融 Beneficial Financial
- 家庭金融 Household Finance
- 汇丰 HSBC
- 家庭金融 Household Finance
- 美国汇丰 HSBC
- Metris 信用卡公司

等各家银行都有了自己的现金折扣卡，有些卡给的折扣比发现卡还要多。从公司对价格的控制程度来看，信用卡发行银行很难控制价格（信用卡利息）。对于信用分数相同的顾客，各家信用卡给的利息几乎相同。因为如果利息稍微高一点，别的信用卡公司就会乘虚而入，抢走顾客。因为美国金融业政府监管比较自由，进入信用市场的门槛并不高。但是要在信用卡行业形成规模效应、具有竞争力却非常难。因此，信用卡公司总是梦想着做大做强。大的信用卡公司可以有自己的网络、自己的信用风险管理和市场营销部门，小的银行和信用社一般只好把这些业务外包到大公司。

在寡头垄断竞争中，消费者往往可以利用大公司之间的竞争来取得更多的权益。对于消费者来说，用一种信用卡取代另一种信用卡的成本几乎为零。信用卡的基本功能几乎一样，而信用卡公司又每时每刻地积极推销新卡。"货比三家，不断转会"就是信用卡消费者从信用卡公司那里取得更多权益的策略。信用卡消费者一般可以分为两类：一种是每月还清信用卡账单，从来不付信用卡利息的信用卡交易者（transactor）；另一种是每月不能还清信用卡账单，需要支付信用卡利息的信用卡循环借款者（revolver）。王蜀南自己是信用卡的顾客，同时也在信用卡公司担任高级管理人员。王蜀南自己既当过信用卡交易者也当过信用卡循环借款者。

王蜀南对朋友的忠告是：不到万不得已，每个月都要付清信用卡账单。信用卡是一种非常昂贵的融资方式，百分之十几到二十的利息，外带利滚利的利息计算，如果不是落到杨白劳的悲惨地步，或者是落到比杨白劳更悲惨的跨国搬运美女的失败婚姻里，最好不要去借信用卡债。要是真落到了杨白劳的地步，有了信用卡债务，当然要尽早还清债务；如果不能很快地还清信用卡债务，那么，必须保证每月按时支付最低付款额；这样才能保持好的信用记录，使自己有翻盘的可能性。

信用卡公司之间的竞争，使得消费者可以在众多的信用卡公司之中，游刃有余地挑选最适合自己的信用卡。信用卡交易者一方面可以货比三家，寻找到最大的刷卡现金折扣，或是最优惠灵活的常旅客里程点；另一方面，还可以时不时地开一张新卡，取得一张免费飞机票这样的奖励。信用卡循环借款者因为每个月要支付利息，所以，挑选利息最低的信用卡是他们的目标。另外，循环借款者还可以利用信用卡公司的信用卡转账优惠，把信用卡债务转到零利息和低利息的信用卡优惠账户，来节省利息开支。

不过，信用卡公司给出的新卡优惠常常暗藏着很多陷阱，消费者在申请新卡的时候要格外小心，一定得细细地读清楚信用卡合同中的小字。奥巴马在竞选美国总统的时候，发誓要改变信用卡的这种状况。奥巴马上任后第四个月，就搞出了一个法律条文，专门来对付信用卡公司。我们中国人说上有政策下有对策，没想到美国公司也学了这一招。那么，总统和总裁们是怎么过招的呢？那还得从奥巴马上台时的改革说起。

第十一章

大厦将倾，还是百足之虫？
美国的信用卡危机和奥巴马的"新"新政

> "我们的经济严重地衰弱，是部分人贪婪和不负责任的结果，也是因为我们集体失败，未能作出艰难的决定，为国家进入新纪元作好准备。很多人的家没有了，工作没有了，企业倒闭了。"[①]
>
> ——美国总统奥巴马就职演说

王蜀南这一代七零后的中国学生，是在被窝里听美国之音和读《读者文摘》的美国励志文章长大的。王蜀南上小学的时候，印象中的美国是韩丁博士的联合收割机和邓小平访美时戴的得克萨斯州牛仔帽。王蜀南上中学的时候，印象中的美国是苹果电脑和牛仔裤。王蜀南上大学的时候，印象中的美国是全额奖学金和到美国留学的单程机票。在王蜀南们的头脑里，美国是先进、富足、发达、公平的代表。考托福和 GRE，为到美国留学做准备，是九十年代清华、北大本科学生的基本任务。在遥远的大洋彼岸光环里的美国，总是那么完美。然而，当走进美国之后，王蜀南

[①] "Our economy is badly weakened, a consequence of greed and irresponsibility on the part of some, but also our collective failure to make hard choices and prepare the nation for a new age. Homes have been lost, jobs shed, businesses shuttered." http://www.whitehouse.gov/blog/inaugural-address/.

才渐渐发现，美国并不完美。在信息技术革命和经济快速增长的时期，美国经济制度存在的问题和社会矛盾隐而不露；然而，当经济危机和自然灾害来临的时候，隐藏在美国社会角落里的问题，便都显现出来。

2005年8月，卡翠娜飓风横扫墨西哥湾，在美国南部路易斯安那州的新奥尔良市登陆。这场飓风成为美国历史上最大的自然灾害，造成1 836人丧生，直接经济损失达810亿美元。但是，更让王蜀南瞠目结舌的，是卡翠娜飓风灾后的暴力和混乱，以及暴露出来的美国的社会问题。卡翠娜飓风在新奥尔良市登陆后，新奥尔良市成为一片泽国，整个城市陷入无政府状态，灾民无人过问，暴力、抢劫、凶杀，甚至强奸充斥了整个受灾的城市。最后，美国政府不得不出动国民警卫队恢复秩序。卡翠娜飓风暴露出来的美国社会底层的赤贫，也让一直身处美国中产阶级的王蜀南感到惊诧："这种情况怎么可能发生在美国呢？"

卡翠娜飓风灾后，美国国家公共广播电台深入灾区进行采访报道。在灾区的记者发现，新奥尔良市最贫穷的街区，早在卡翠娜飓风之前，就存在没有自来水、没有电、没有下水道，甚至室内没有地板只有泥土地面的贫民窟。在这些贫民窟里生活的人们，几乎都没有工作，靠政府的救济维生，完全生活在毒品和犯罪的阴影里。他们的生活状况，只能用绝望来形容。而这样的状况在美国一直存在，只是卡翠娜飓风把他们暴露在了美国公众的视野之中。

在大家的印象里，美国是个先进、富足的国家。然而，在美国的繁华之下，也一样存在贫困和落后。美国社会最贫困和绝望的阶层住在美国大城市的内城，那里一般是非洲裔和少数族裔美国人社区的聚居地。在那些社区里，贫困是最大的问题。非洲裔美国人家庭平均收入仅为美国白人家庭平均收入的58%。三分之二的非洲裔美国儿童在单亲家庭里出生长大。这些社区被毒品和犯罪充斥，20－34岁的非洲裔美国男性，有12%的人正在美国的各级监狱里服刑；而相比之下，仅有1.6%的相同年龄段的美国白人男性在监狱里服刑。这种与种族相关联的巨大的经济和社会地位的差别，是美国社会潜在的一个巨大问题。

路易斯安那州警察全副武装进入灾后的新奥尔良市恢复秩序
资料来源：http://www.usdat.us/secretary/archives/cosmology_of_hell/the_profiteers/.

二十世纪七十年代来以来，美国的产业经历巨大变迁，信息技术革命和金融业的发展，使美国经济的重心从制造业转向服务业。尤其是1985年以后，一些发展中国家在制造业上崛起，成为世界工厂，使美国东北部到中西部的传统制造业中心受到巨大的冲击。美国的大公司纷纷把在美国的工厂关闭，把制造环节迁到新兴国家。美国往日繁荣的工厂地带变得如同鬼城。曾经辉煌的美国钢铁业和机械制造业，只能在落日的余晖里慢慢锈蚀。因此，这一美国的传统制造业地带被称为铁锈地带。这个铁锈地带西起威斯康星州和芝加哥市，沿着北美的五大湖分布，跨越印第安纳州、密歇根州、俄亥俄州、宾夕法尼亚州，东至纽约。在这一地带里，工厂破产，经济停滞，人口下降，犯罪率上升。某些城市的失业率甚者高达20%以上。

中国人对纽约州罗切斯特市可能不太熟悉，但成立于罗切斯特市的美国施乐公司（Xerox）却是大名鼎鼎。1938年，施乐公司在罗切斯特市进行了人类历史上第一次复印。在此以后的五六十年里，施乐公司垄断了全世界的复印机市场，以至于在美国英语里，"复印"这个英文词photocopy的另一种写法就是Xerox——也就是施乐公司的名字。在数码相机流行之前，世界上每一个摄影爱好者都不会不熟悉柯达这个品牌。伊士曼·柯达公司的总部就在纽约州罗切斯特市。如果说复印机是上个世纪的技术，柯达胶卷已经是昨日黄花，那么，每天戴着博士伦隐形眼镜的中国人恐怕也有好几百万吧？这个美国博士伦公司，就是1853年成立于罗切斯特市，公司的总部至今还在那个城市。

这个在美国，甚至在全世界的制造业中都颇具盛名的城市罗切斯特，也是计算机图形用户界面（Graphical User Interface，GUI）的诞生地。施乐公司当年在复印市场上取得了巨额的利润。拥有雄厚资金的施乐公司，利用这些资金，不计成本地进行了大量的科学技术研究。GUI就是他们的成果之一。早期的苹果电脑使用了GUI技术，取得了苹果机的巨大成功。早期的微软视窗系统，则是被公认为是苹果机GUI界面的翻版。可以说，罗切斯特市在美国的制造业和科技发展中，曾经有过不可替代的地位。然而，拥有辉煌历史的罗切斯特市，却和铁锈地带一同衰落了。

二十世纪八十年代，以日本佳能公司为首的低成本复印机制造商进入美国以及世界上的其他市场，让施乐公司在这个行业的垄断地位一去不复返。到2006年，施乐公司的市场占有率仅为8.5%。上世纪八九十年代，柯达在摄影胶片行业的霸主地位也受到了日本富士公司的挑战，两家公司在这个领域斗得不亦乐乎。可惜好景不长，到了二十一世纪，数码相机的出现，敲响了摄影胶片的丧钟，柯达和富士这两家公司使尽招数，也没有赶上数码摄影的热潮，双双成为数码摄影行业的末流。在二十一世纪的头十年，罗切斯特市的另一大明星企业——博士伦公司，也遭遇挑战。博士伦隐形眼镜业务在竞争中市场份额下降，2007年，博士伦公司因为业绩不佳，被美国私募基金华平投资公司收购。罗切斯特市几大著名公司的衰败，与美国产业转型，以及制造业的衰败息息相关。制造业公司衰败，罗切斯特市的经济也渐渐萧条，失业率上升，房地产市场低落，城市日益破败。

在这个大环境下，王蜀南的同学张木来到罗切斯特市的罗切斯特大学。张木的奖学金不多，想省点钱，租套便宜的房子。他的师兄王明，开始帮他在当地的报纸上浏览，看看学校附近有没有房屋出租。功夫不负有心人，王明和张木终于找到了一个便宜的房子。这是一套罗切斯特大学附近的房子，一栋三卧两卫的独立别墅式房屋，房东是柯达公司的前雇员。房东半年前从柯达公司下岗，目前还失业在家，所以想把自己房子的一个卧室出租出来，每月收租金300美元，也算是挣点额外的收入，以补贴家用。

王明和张木从出租房的窗子里看到美国的蓝天白云，美国城市里整洁的草坪和一栋栋漂亮的小房子，异常兴奋。马上签好了租约，安顿好了各项事情。晚上，王明回到学校，洗漱完毕，刚刚躺到床上，忽然听到电话铃声响个不停。王明抓起听筒，一阵高分贝的哭喊声从听筒里传出来：

"啊……王明……啊……你快来啊……"王明吓得睡意全无："张木，出什么事情了？"

"虫……虫子钻到了耳朵里面啦……啊……"张木在哭号的间隙，终于说出来原因。

王明穿着睡衣跑下楼，跳上汽车，飞驰向张木所在的街区。几分钟之后，闪烁着警灯的救护车到了。救护人员很娴熟地把张木抬上了担架，王明也跟着进了救护车。救护车一路呼啸地到了当地医院的急诊室。值班医生用专业的耳内窥镜，看了一眼张木的耳朵，然后很镇静地说："里面有一只蟑螂，还活着。"王明惊讶得以为自己听错了。医生又补充了一句："我们可以用一种特殊的油去杀死它。"

原来出租房间给张木的那一家人，因为经济拮据，卫生条件不好，家里蟑螂泛滥。张木在美国的第一天晚上，一只美国蟑螂发现张木的外耳道温度湿度适中，以为这是一个新的温暖避风港湾，就决定钻进去长期驻扎。幸好美国医生的技术娴熟，很快杀死并用镊子取出了这只倒霉的蟑螂。王明在旁边不禁感慨：中国的蟑螂个子大，也就是能吓吓人而已；美国的蟑螂虽然小，更具有高科技国家的特色，小小的外形居然有这么大的影响力。学名"德国小蠊"的美国蟑螂，让张木度过了在美国终生难忘的第一个夜晚。千方百计地来到美国留学的张木怎么也没有想到，在美国的大城市里，居然还有这样卫生条件极差的地方。张木从此也养成了一个习惯：睡觉的时候要在耳朵里塞上棉花球。

美国中西部的广大地带,由于制造业衰亡,很多城市面临众多的经济问题。张木到过的那个蟑螂之家,不过是繁华掩盖下的众多美国贫困家庭中的一个而已。到了 2008 年,经济危机爆发,美国原来固有的各种社会问题,以及传统制造业衰退的问题,就更加地暴露无遗。在美国的铁锈地带——芝加哥,出了一个非洲裔的美国总统候选人,他提出了一个竞选口号:"变革"。无数的美国公民对美国的经济状况和社会问题都充满失望,所以,他们对这个口号抱了极大的期望,希望奥巴马能够带来变革,改变美国社会不合理的现状。看看下面的时代周刊的封面,大家就会知道美国社会对奥巴马抱有多大的期望了。

下面是两张雷同的照片,大家看了一定会友邦惊诧:怎么美国大杂志社也搞 PS 啊?

▲ 照片来源:《时代》周刊,美联社。

左边这张是 2008 年 11 月 24 日美国《时代》周刊封面。 右边这张是一幅美国人熟悉的老照片:美国唯一的连任四届、带领美国走出上世纪三十年代大萧条，打赢第二次世界大战的富兰克林·罗斯福总统。中国人给帝王将相歌功颂德，张口闭口就是鸟生鱼汤（哦，不对，那是韦小宝的山寨版语录，原装正版应该是尧舜禹汤，文武周孔。）。美国人历史太短，拿得出台面的帝王将相太少，数来数去也就是华盛顿、林肯、罗斯福和肯尼迪而已。所以，美国人表扬政治家品德高尚会说他像华盛顿、林肯；赞美政治家有创新改革精神，会说他像罗斯福、肯尼迪。这不，《时代》周刊就给奥巴马套上了这么个一头衔。

　　奥巴马当选美国总统的时机和当年罗斯福当选时的情况很有些接近：2008年10月，道琼斯指数暴跌2 800点，美利坚金融帝国又到了最危急的时刻。于是，每个美国人都用选票发出了愤怒的吼声：2008年11月，标榜更新变革的民主党人，肯尼亚留美学生的儿子，美国单亲家庭出来的穷小子——巴拉克·奥巴马，当选了美国总统。当时，美国《纽约时报》一类的自由派媒体，几乎把他歌颂成了救世主，渴望奥巴马能够带领美国走出危机。在美国历史上，罗斯福就是在相似的环境里推出了他的新政，把美国从"致命的资本主义经济危机"中拉出来，变成世界头号强国。罗斯福上台后的第一件事就是对付银行：在国会通过《紧急银行法》（Emergency Banking Act），让所有银行停业审查，只允许有偿付能力的银行领取执照，重新开业。这个措施一举稳定了人心，制止了当时的挤兑风潮。接下来，罗斯福推出了一系列对付大萧条的政策——包括建立社会保险制度，规定最低工资，采取国家财政开支刺激经济等，被称为"新政"（New Deal）。这些政策奠定了现代美国经济政策的基石。

奥巴马在竞选总统的时候就抨击布什政府的经济政策，主张对银行金融业采取更严格的监管。信用卡则是头一个被新总统拿来祭旗的金融行业。信用卡和美国人的生活息息相关，每一个美国人，不是亲身体会就是耳闻目睹过与信用卡公司打交道时遇到的各种麻烦。这个竞选纲领得到了众多美国人的支持。

上台以后的奥巴马，尝试和美国的信用卡巨头们沟通，企图让他们主动采取措施，改革信用卡行业的弊端。毛主席说过，革命不是请客吃饭。虽然美国右翼保守派一口咬定：奥巴马是他老人家的信徒，还出示证据，说奥巴马家的圣诞树上挂着毛主席他老人家的头像。然而，生在红旗下的王蜀南一眼就能看出，奥巴马根本就没有领悟到他老人家思想的精髓。奥巴马对信用卡公司

▲ 2009年4月23日，美国总统奥巴马和财政部长盖特纳召集美国信用卡行业巨头开会，推介新的信用卡监管立法。

资料来源：美联社。

做的第一件事，是请他们到白宫吃饭。入主白宫的第三个月，奥巴马把信用卡行业的头头们一个不落地请到了白宫，要求信用卡公司要自律，要保护消费者的权益。但是CEO们好像并不买账。不过，奥巴马好像也没有指望他们会听话。因为他早就在国会推动立法，来限制信用卡公司的行为。2009年5月9日，奥巴马在他的每周广播和互联网讲话中强调："美国人民明白，他们应该在他们能力所及的范围内消费和偿还他们所欠的钱。但他们同时也有权利拒绝接受不公平的加息惩罚和一些隐藏的追溯费用。相信新法规出台后，人们将不需要再害怕任何信用卡的附加条件，也不需要在申请信用卡时，拿着放大镜和参考书，以免误入陷阱。"

2009年5月22日，经过了一个多月的博弈，参众两院讨论投票，奥巴马终于在白宫玫瑰园正式签署了《信用卡责任义务和信息披露法》(Credit Card Accountability, Responsibility and Disclosure Act, CARD)。这个过程之所以称为博弈，是因为美国政治是讨价还价的政治，一个法案要通过，国会民主党、共和党各方要互相妥协，才能凑到足够的票数。奥巴马的民主党要通过信用卡法律，共和党的议员就加上一条他们想要的提案。结果，信用卡法案搞出了一条风牛马不相及的附属修正案来。这条附加在信用卡法案上的附属修正案规定：法律允许居民在国家公园里携带枪支。在美国国会，信用卡法案和这条附属修正案规定一起打包，投票通过。

信用卡法案通过以后，白宫的网站声称，这是美国信用卡消费者保护历史上的转折点，信用卡公司不公平地提高利息和暗藏费用的时代即将过去。奥巴马说："这个新法律将使消费者得到他们应得的坚强而可靠的保护。我们将继续推进建立在透明、负责和共同义务基础上的改革,这也是我们重建经济的最基本的基石。"①

这项法案详细地规定了信用卡行业消费者保护的原则和措施,每一项条款,都针对了美国信用卡行业存在的问题,加强了对信用卡消费者的保护。该法案规定:

◆ 法律保护信用卡持卡人,不能随意增加信用卡利息:
  ◇ 信用卡公司必须提前45天通知任何加息。
  ◇ 当信用卡升高利息的时候,持卡人有权利取消信用卡,并且按原来的利息分期付清已有信用卡的账户余额。信用卡公司应该给持卡人三个月的时间来决定是否拒绝新的利息。
  ◇ 如果持卡人保持良好的信用记录和还款行为,信用卡公司不能提升持卡人已有的信用卡账户余额的利息。
  ◇ 禁止信用卡公司随意改变已有信用卡合同和条件。禁止"随时随地调价"(practice of "any-time, any-reason repricing.")。
◆ 按时付款的信用卡持卡人不应该被信用卡公司惩罚:
  ◇ 禁止信用卡公司对免息还款期内的债务收取利息。禁止按照两个月平均账目余额收取利息的"双循环计息法"。
  ◇ 禁止信用卡公司对按时付款的持卡人收取额外费用。
◆ 法律保护信用卡持卡人不被还款日期的花招所欺骗:
  ◇ 信用卡公司必须在还款日期之前21天邮寄出信用卡账单

---

① " With this new law, consumers will have the strong and reliable protections they deserve. We will continue to press for reform that is built on transparency, accountability, and mutual responsibility — values fundamental to the new foundation we seek to build for our economy."

（目前的规定是14天）。
- ◇ 在还款日期的当天下午五点之前收到的付款，都应该算作按时支付。
- ◇ 信用卡还款日期必须是每个月的同一天。如果还款日期是星期六、星期天或者法定假日，还款日期应该推迟到下一个工作日。禁止把还款日期设在周末或节假日。
- ◇ 信用卡公司必须在每个信用卡账单注明付清信用卡账目余额所需的金额，还必须提供相关的电话号码和互联网网址，供顾客取得相应的信息。
- ◇ 如果持卡人证明在信用卡还款日期7天前寄出了付款支票，信用卡公司不得收取过期还款罚金。

◆ **法律保护信用卡持卡人不被信用卡公司的术语误导：**
- ◇ 信用卡公司不得使用诸如"固定利息"、"优惠利息"一类的术语误导或欺骗顾客。
- ◇ 预批信用卡的持卡人在激活信用卡之前有权利取消信用卡，他们的信用记录不应因此受到不利的影响。

◆ **信用卡持卡人应当有权利设定自己的信用卡的透支额度最高限：**
- ◇ 信用卡公司必须提供给消费者选项，设定固定的信用卡透支额度最高限。
- ◇ 如果持卡人设定了固定的信用卡透支额度最高限，信用卡公司不得收取超额透支罚金。

◆ **信用卡公司应当使用公平会计记账方式收取信用卡付款：**
- ◇ 信用卡公司收到的信用卡付款必须先用于支付高利息的信用卡账户余额（目前大多数信用卡公司收到付款的时

候,先把款项用于付清低利息的欠款,尽量保留高利息的信用卡账户余额欠款)。
◆ **信用卡公司不得向持卡人收取过度的费用:**
◇ 法律规定信用卡公司收取的超额透支罚金的最高限额。目前一些信用卡公司没有超额透支罚金的最高限额。
◆ **法律保护消费者不受高费用次贷级信用卡盘剥:**
◇ 次贷级信用卡常常有超过信用额度25%以上的额外收费。法律要求在发行这些次贷级信用卡之前,这些额外收费必须先付清。
◆ **美国国会应当更好地监管信用卡行业:**
◇ 美国国会应该改进信用卡行业利润、信用卡费用、利息等信息的收集;这些信息每年必须向美国国会报告。

读了这些条款,王蜀南觉得奥巴马的信用卡法案,真可谓是:对待消费者像春天般温暖,对待减少信用卡债务像夏天一样火热,对待不合理的信用卡收费像秋风扫落叶一样坚决,对待不良信用卡公司像严冬一样残酷无情。《信用卡责任义务和信息披露法》,是奥巴马政府上台以后,加强政府对金融业监管的一项重要法律。美国民主党主张政府干预私营经济,加强政府对社会经济各方面的监管的理念,在这个法案里得到了彰显。白宫声称,这是个保护消费者的历史性的转折点,信用卡公司不公平地提高利息和暗藏费用的时代即将过去。在王蜀南听来,这好像迪斯尼动漫经典画片的结尾一样,"从此王子和公主过着幸福的生活"。然而,故事才开了一个头。这项法律在2009年5月通过,在2010年2月生效。在这中间的九个月中,信用卡公司积极地发挥了他们的聪明才智，赶在新法案生效之前，突击性地提高了信用卡的利率和费用。

中国人常说："上有政策，下有对策。"王蜀南发现，这句话居然也有普世价值。在全世界资产者联合起来的二十一世纪，美国信用卡公司对付奥巴马的新信用卡立法的办法，和中国的贪官奸商几乎别无二致：赶在反贪严打之前先捞一笔再说。根据美国广播公司的报道，在2009年7月，美国的150种信用卡的利息平均上涨了20%。第一资本的信用卡利息上调了50%，信用卡套现利息上调了20%，各种信用卡违约罚金上调了30%。花旗银行的信用卡利息平均上调了27%，花旗高风险信用卡客户的利息上调了50%。发现卡的信用卡利息上调了30%。合众国银行（US Bank）的信用卡利息上调了33%。美国银行、大通银行、发现卡还把它们旗下的许多信用卡的利息计算，由原来的固定利率变为与市场利率挂钩的浮动利率。发现卡把信用卡国际使用费上调至2%；美国银行把信用卡国际使用费调至3%。大通银行把信用卡账户余额转账费由2%上调至5%。美国各大信用卡公司在金融危机以来，本来就已经面临巨大的坏账亏损，现在，奥巴马又要断了它们乱收费的财路。信用卡公司赶在信用卡新法案生效之前涨价，让人觉得有点垂死挣扎的样子。

奥巴马上台将近一年后，美国政府砸了7 870亿美元来刺激经济，美国经济才稍稍有了点起色。然而，美国经济复苏的主力——个人消费却迟迟落后，高达10%的失业率是一个重要因素，个人消费信贷的紧缩是复苏缓慢的另外一大原因。美国消费金融行业经过了金融危机的巨额坏账损失，现在又面临奥巴马政府的各种新的管制，包括信用卡在内的美国消费金融业一蹶不振。

美国上世纪三十年代大萧条的时候，一个故事是这样描述当时的美国经济的：小约翰家里太穷，买不起取暖的煤，原因是小约翰的爸爸丢了工作；小约翰的爸爸是个矿工，丢了在煤矿的工作，原因是煤矿关了门；煤矿关门的原因是，没有人买煤，煤卖不出去；煤卖不出去的原因是，大家都丢了工作，没有钱买煤……七八十年之后，美国经济又遇到了一个类似的怪圈：美国经济衰退，迟迟不能复苏，是因为个人消费不足，消费者信心下降，个人购买力下降；个人消费不足，一方面因为失业率太高，另一方面因为消费信贷紧缩；失业率高是因为美国公司大量裁员；公司裁员是因为公司销售和利润下降；公司销售和利润下降是因为经济衰退，消费者信心下降，个人购买力下降……消费信贷紧缩的原因是信贷风险上升，坏账增加；信贷风险上升的原因是失业率高居不下，太多的人没有了收入……消费信贷紧缩的另外一个原因是政府监管

▲ 奥巴马总统决心重整美国信用卡行业。

更加严格；政府监管更加严格的原因是奥巴马上台以后要保护消费者的权益；奥巴马的新经济政策是为了增加老百姓的福利……

罗斯福在二十世纪三十年代的经济危机中，也面对过这样的鸡生蛋、蛋生鸡的难题。罗斯福实行了一系列新政（New Deal），把美国从危机中挽救回来。新政按照英语的原文翻译是重新发牌。在罗斯福的新政中，美国社会各阶层的利益被重新洗牌，一定程度上实现了社会资源的重新分配。美国《时代周刊》把奥巴马的施政纲领称为"新"新政（New New Deal）。奥巴马将把美国带向何方？美国人自己都没有答案。奥巴马的政策在美国内部甚至引起极大的分歧。美国下层社会鼓掌欢迎奥巴马的医改政策。然而在商界，王蜀南甚至听一个CEO私下这么说："我真宁愿美国经济不要好转，因为我不想那家伙再在白宫呆四年。美国经济算是不行了，一切的商业希望都在中国。"2010年的美国商界几乎是言必称中国。美国信用卡行业处于低迷，而中国的信用卡行业则正以几何级数增长。然而，2009年5月，美国国会通过了规范美国信用卡行业的新法律。2009年7月，中国银监会也发出了整顿规范信用卡行业的通知。美国信用卡行业算是积弊已久，需要奥巴马来打扫房子重新发牌。而中国的信用卡还是早上八九点钟的太阳，难道中国的信用卡行业也有那么多问题吗？

第十二章

国内的故事
躁动和阵痛中飞速发展的信用卡行业

> "谁能正确解释中国的改革和发展,谁就能获得诺贝尔经济学奖。"
>
> ——诺贝尔奖得主,美国经济学家
>
> 米尔顿·弗里德曼

美国信用卡行业市场五六十年的发展普及,中国在五六年内就基本完成了。中国人学习、赶超先进技术的能力世界第一。一切东西,只要中央大国开始搞,一定得搞成白菜价方才罢休。自从中国人开始造电视机了,电视机就每年屏幕变大,价格下降。中国人活活地把电视机从高档消费品变成了日常生活必需品,让美国人的樱桃木电视机柜和中国人的真丝刺绣电视机罩都走进了历史。自从中国人开始造电脑,电脑的价格从几千美元一路降到几百美元。王蜀南第一次使用苹果 II 型电脑的时候,还得换上白大褂和拖鞋进入机房,做高级科技人员状。二十多年以后,笔记本电脑已经成为人们居家旅行的常备之物。记得钱锺书在《围城》里说过:"外国一切好东西到中国没有不走样的。不知道这正是中国的厉害,天下没敌手,外国东西来一件,毁一件。"不过要是老先生在天有灵，看到中国信用卡的状况，恐怕会改写自己的名言。当然了，老先生也可以辩解说：信用卡这个东西，不算得是个好东西。美国的信用卡和美国信用卡消费中的诸多问题，中国的银行和消费者一点不走样地学到了，也一点不走样地搬到了中国。

　　海不归王蜀南每年回国探亲，每次回来都有新发现，也都有迷路的感觉：去年回来刚刚认识的路，今年又改变了走向和交通规则。信用卡专家王蜀南觉得近年国内发展的一个重要方面是：几乎每个地方都可以刷卡了。王蜀南有时暗想，我们这么折腾着到美国，是为了啥呢？为了汽车、洋房？可现在中国的汽车销量超过了美国和日本的总和。为了美国的先进技术？可王蜀南在美国的房子才刚刚告别了电话拨号上网，而王蜀南在四川的父母的家里，光纤早就铺到了房间里。咱们这些海不归们，说辛辛苦苦地存了点美元吧，一不小心，中国腾飞了，人民币升值了，这些美元也都不值钱了。当然，国内的物价也比美国物价厉害多了，在美国3.99美元一桶的超市货哈根达斯冰激凌，在中国的哈根达斯专卖店里居然要卖59元人民币一小杯。难怪人家说生活是个杯具。不用小杯子装哈根达斯，你能体会到在中国生活的昂贵吗？所以，王蜀南回国探亲，在北京上海都只住锦江之星，因为怕在五星级宾馆露怯，被人认出是海归。和大学同学一起出去吃饭，在一群老总中间，王蜀南总是保持低调："我们是从美国乡下回来的，好不容易可以到国际大都市来开开眼界。"买单的时候，王蜀南也就不加入一群挥舞着钱包争抢买单的老总们了。

　　回到家乡四川，本乡本土的王蜀南才稍微有点信心，开始每三句半里夹个"兄弟我在美国的时候"，在酒桌上也才敢跟别人争一争付账单什么的。因此,王蜀南在饭店、商场、酒店才有了频频刷卡的机会,可以略显显美国白领的派头。一次,王蜀南在成都的狮子楼请表姐吃火锅,买单的时候,王蜀南绝不放过给成都的收银员进行美国信用卡教育的机会:"小妹儿,刷卡!""没见过这个信用卡?咋个可能有问题呢?我在美国洛杉矶转机的时候才用了,莫得问题的。"……"这个卡是美国的发现信用卡,在银联全部通用。赶快去刷啊!"表姐在旁边连忙警告:"你这个样子,瓜兮兮的,人家一看你就晓得你是个海归冤大头。你刷卡的时候咋个不去盯紧了呢?信用卡这个东西要是搞掉了,有得你的麻烦。"王蜀南说:"不会这么厉害吧?"于是表姐讲了一个朋友刷卡刷出三个手机一万元债务的故事:

"你记不记得我们办公室的朱姐?就是以前要给你介绍对象的那个。她有个亲戚,姓刘,大家都喊他刘哥。他遭信用卡整惨了。也算他倒霉,刚刚拿到信用卡莫得几天,钱包就遭贼娃子偷了。信用卡、身份证,还有好多现金都遭偷了。后来他去银行挂失,发现这个贼娃子坏球的很。偷到他的信用卡,马上就跑到个卖手机的地方去,刷卡买了三个最贵的诺基亚,花了他一万多块钱。刘哥收到一万多人民币信用卡账单,给信用卡公司说:'我又没有去花这些钱,凭啥子该我来赔这个钱?'人家信用卡公司根本就不理他,只管天天打电话来催账。结果这个刘哥又去找那个卖手机的公司,说:'你们给那个贼娃子刷卡的时候,咋个没有认真检查签名呢?那个贼娃子冒充我的签名,你们没有看出来,这个是你们的责任。还有,你们为啥子不查他的身份证呢?'那个卖手机的公司说:'人家拿的就是你的身份证,而且还是二代身份证。而且我们对照了签名,和信用卡上的签名一模一样。我们有POS单子的签名存底。你自己把身份证和信用卡一起搞掉了，这个是你自己的责任。'结果刘哥气不过，就跑到法院去把那个卖手机的公司告了，说他们没有尽义务去核对签名，要这个公司赔偿损失。你说哪个碰到这种倒霉事，都咽不下这口气嘛。结果法院倒是判了，说那个公司有理，说刘哥信用卡被偷了，是他自己的责任。贼娃子刷卡花的一万多块钱，刘哥都要自己去赔。你说信用卡这个东西，跟定时炸弹一样。你要是把它搞掉了，麻烦得很啊。"

王蜀南听完了这个故事，用手把自己掉下来的下巴合上，说："难道信用卡被盗用，银行没有一点责任吗？法院的判决怎么都对公司和银行有利啊？"表姐一脸的鄙夷："你娃是在美国呆得太久了，脑壳都瓜了。这个刘哥有好大的分量？人家公司和银行有多大能量？法院咋个可能判得对他有利呢？"王蜀南觉得这个判决不可思议。按照美国的法律，如果信用卡被盗用，消费者最大只有50美元的责任。国内要是这样规定，也太不利于消费者了。表姐的这个故事太离谱了。半信半疑的王蜀南回去到网上放"狗"一搜，居然发现了《成都商报》对这个案件的报道。案子的进展还不止这些，一审的时候，法院判决驳回了老刘的诉讼请求。法院的判决认为：

"这位刘先生申办信用卡采用的是无密码，仅需签名的操作标准。特约商家收银员只需核对刷卡消费者在POS凭证签购单'持卡人签名'一栏上的签名，对照该信用卡背面签名栏内的签名。只要两处签名的汉字相同，书写形态上没有显而易见的重大差异即可。除此之外，特约商家并没有额外的核对审查义务。由于三份POS单均有刘先生姓名字样，且字体与其本人在信用卡申请表上的预留签名没有明显差异，法院认定商家的收银员已尽到了对签名合理审查的核对义务，对信用卡被他人盗刷的损失不存在过错，不应当承担责任。而被告银行为原告办理信用卡挂失手续的行为，符合双方协议和相关章程规定，也不应当承担连带责任。"

结果一审宣判后，刘先生不服，觉得自己的信用卡被盗用，银行和商家都应有一定的责任。所以刘先生又向成都市中级人民法院提出上诉。结果成都市中级人民法院作出终审判决，驳回刘先生的上诉，维持原判。而且成都两级法院对这起案件作出认定，认为商家尽到了一般审查核对义务，不应对持卡人的损失承担责任。成都市中级人民法院将此案列入示范性案例发给成都各法院，指导办理类似案件。

看完这个报道，王蜀南刚刚接上的下巴又掉了下来，并且发现周围地上撒满了跌得粉碎的眼镜片。王蜀南一直以为中国的法律体系属于大陆法系，上至《大秦律》，下到《拿破仑法典》的成文法律都对中国的法律体系有直接影响。然而，这个法院的判决却几乎就是个英美海洋法系的典型判例：海洋法系一般没有成文的法律条款，他们一般把历史上的法庭判例作为审理类似案件的准则。也就是说英美的很多法律没有条文可查，如果一个案件，历史上怎么判决，那么类似的案件今后就会怎么判决。

如果成都中级人民法院把这个判决，当成了以后审理类似案件的示范性案例，那么，这个案例就成了信用卡欺诈审理的一个法律文件。按照这个法庭判决，法庭认为只要"商家尽到了一般审查核对义务，不应对持卡人的损失承担责任。而被告银行为原告办理信用卡挂失手续的行为符合双方协议和相关章程规定，也不应当承担连带责任。"按照这样的法律规定来审理信用卡欺诈案件,信用卡持卡人就几乎负有无限的责任;而银行和信用卡公司则一般不承担信用卡欺诈案件的损失。信用卡被盗用多少,持卡人就有可能赔多少。王蜀南看到了这一段,被吓出了一身冷汗:原来在国内,要是信用卡被盗,持卡人是唯一买单的人。自己天天拿着一张信用额度2万美元的信用卡在成都的餐馆酒店晃悠,这不是给自己找麻烦吗?

不过,幸好王蜀南的信用卡是在美国发行的,即使在中国使用被盗,也最终会按美国的法律来判决。相应地,美国的联邦法律对信用卡被盗责任的规定是这样的:

"信用卡欺诈损失,消费者对信用卡盗用的最高责任金额为50美元。如果消费者在信用卡被盗用之前进行了信用卡挂失,那么消费者对任何信用卡盗用的损失都没有责任。如果信用卡盗用发生在挂失之前,消费者对盗用损失的最高责任金额为50美元。如果信用卡盗用只涉及信用卡号码,而没有使用信用卡本身,消费者对这类盗用不负任何责任。"[1]

所以,按照美国的法律规定,王蜀南还可以安心地继续刷卡,而不必担心信用卡被盗会让自己陪光裤子。在信用卡行业的商业运作和打击信用卡犯罪方面,国内的信用卡行业及相关的法律不比美国落后,然而在消费者保护方面,国内的相关法规和美国还有很大的差距。所以,国内的信用卡持卡人在刷卡的时候,

---

[1] Credit Card Loss or Fraudulent Charges (FCBA). "Your maximum liability under federal law for unauthorized use of your credit card is $50. If you report the loss before your credit cards are used, the FCBA says the card issuer cannot hold you responsible for any unauthorized charges. If a thief uses your cards before you report them missing, the most you will owe for unauthorized charges is $50 per card. Also, if the loss involves your credit card number, but not the card itself, you have no liability for unauthorized use."

一定得千万小心。万一丢了信用卡必须马上挂失。

　　国内信用卡市场上，各种欺诈和"创新"层出不穷。国内的有关法律，让人觉得有点"乱世用重典"的感觉。国内信用卡使用上的"创新"，最有名的大概就是"信用卡套现"了。从信用卡消费计入账户到实际还款日期，信用卡用户可以有高达五十多天的免费还款期。在这个期间，信用卡持卡人理论上可以享受银行的贷款购物消费而不需要支付利息。一些持卡人利用这样的机会，通过一些方法，把信用卡透支额度支取出来变成现金，就相当于取得了一个无息贷款。

　　最简单的套现方式是"别人消费刷自己的卡"。王蜀南在成都打工的远房表弟张越洋，就是在做这个买卖。精明的张越洋从川中农村家里出来打工，不久之后，就发现了市场经济社会的分配规律：种地的挣钱不如工厂里造东西的；工厂里造东西的挣钱不如商店里卖东西的；商店里卖东西的挣钱不如借钱给人的。张越洋朴素的经济学原理反映了人民群众对农业社会、工业社会、商业社会到金融资本社会发展的总结。张越洋自己的职业也一路进化，从回乡务农的中学生，到东莞电子工厂农民工，到四川遂宁一家小杂货店店主，再到成都市小有名气的信用卡套现专家。

　　张越洋信用卡套现业务的原理其实很简单：比如小王计划花一万元买一台高级液晶电视，张越洋手头上有十来张可以挣积分的信用卡。张越洋就对小王说："我可以帮你刷卡买电视，你直接把现金给我，我还可以给你点回扣。"对于小王来说，这和花现金购物没有任何区别；而对于张越洋来说，现在刷卡，到五十多天以后他才需要还款，他相当于得到一笔一万元五十天无息贷款。另外，张越洋因为刷卡消费了一万元，还可以得到一万点积分。张越洋有十来张信用卡，每天都能找到这样的套现业务，他就可以用下一张卡套现来的钱还上一张卡的账单，这样就可以长期地享受"无息贷款"。

另外一种套现方法，是刷卡购物后立即退货：持卡人可以刷卡买大额的电信充值卡，或者高价的无退票限制的一等舱飞机票，然后再到营业点去退货，如果营业点不能在信用卡上冲销退货金额，一般就会支付现金，这样持卡人就实现了套现。这样的把戏在消费者之间算是小打小闹，而有些金融犯罪集团的招数就称得上欺诈了。持卡人如果需要套现，一些非法的"贷款公司"或者"中介公司"可以提供服务：一般是利用商家的POS刷卡机进行虚假交易，将信用卡上的金额划走，"贷款公司"或"中介公司"则当场付现金给持卡人，持卡人则付给商家手续费。

信用卡套现的现象在美国却几乎不存在。美国的金融银行业极发达，个人有很多渠道取得贷款融资，个人贷款的利息也比较合理，所以，对信用卡套现的需求本来就不大。美国的信用卡经营体系比较严密，大多数美国人也没有中国人"精明"，所以，美国人对信用卡套现这种事情几乎闻所未闻。在美国，个人非常注重隐私，朋友之间一般都不会替人刷卡，更不要说替陌生人刷卡套现了。

美国公司的销售系统大多都是全国联网，信用卡购物如果退货，退货金额一般都会在购物信用卡上冲销，因此也不存在这样的套现机会。另外，对于安装POS刷卡机的商家来说，刷卡有2%以上的手续费，再加上其他的费用，总的刷卡手续费用可以达到3%。如果商家利用POS刷卡机套现，可以帮顾客取得五十八天的无息贷款，但是如果把五十八天的3%的费用复利折合成年利率，利息可以高达20.4%。

在美国，信用记录良好的消费者可以很容易地取得利率低于20%的无抵押贷款，有抵押的贷款的利息甚至更低，例如，房屋抵押的信用额度贷款的利息可能比美国银行业基本利率还低。2009年，美国银行业的基本利率仅为3.25%。所以，利用信用卡套现的现象在美国几乎没有存在的必要。另外，美国的信用卡公司本身也经营信用卡取现金的业务。信用卡持卡人可以用信用卡和相应的密码在任何ATM机或者银行柜台上提取现金透支额度以内的现金，信用卡公司收取2% – 3%的手续费，信用卡取现金的账面余额也不能享受免费还款期。目前，国内银行业对信用卡套现进行围追堵截，不过，如果没有一个完善的个人金融业的体系，缺乏多样性的个人融资渠道，有需求就会有供给，信用卡套现这样的现象还可能长久存在。

身份盗窃欺诈是美国个人信贷行业的一个大问题。美国每年有1 000万人成为身份盗窃欺诈的牺牲品。作为世界经济第三大国，中国在这方面也不甘落后。国内虽然没有详细的统计数字，但是几乎每个地方的媒体都有相关的报道。下面是《成都商报》2009年3月登载的一个报道：

市民李先生到成都各大银行申请贷款买房，却被所有银行拒绝，原因是李先生有两万元的信用卡逾期记录。这让李先生很不理解：自己从来没有办理过信用卡，怎么会欠款呢？被数家银行拒绝后，李先生突然想起曾经发生的一件怪事：2008年3月，李先生接到了父亲从巴中老家打来的电话，说收到一张从银行信用卡中心寄来的3 000元催款单。之后一年多的时间里，李先生共收到三家银行寄来的几十张催款单，欠款总额超过了两万元。李先生告诉记者，2007年9月，他在菜市场买菜时被小偷偷走了钱包，连同钱包一起被盗的还有装在钱包里的各种证件，"所有账单都是在身份证丢失后寄来的，肯定有人用我的身份证信息办了信用卡，害得我负债累累"。记者从银行的信用卡中心了解到，现在办理信用卡的程序比较简单，通常只需要客户向银行提供一张身份证复印件，然后银行拿着这张身份证复印件，在人民银行的征信系统上验证身份证复印件的准确性，只要确定信息属实，就可以成功开办信用卡了。因此，可以说现在的信用卡在办理过程中，最主要的验证程序就是验证身份证复印件上的照片与本人是否相似。复印件信息与征信系统上的信息能否对上号。银行的工作人员表示，身份证上的照片大多模模糊糊，不好辨认，即使要求检查原件，不法分子办张假身份证也就蒙混过关了，"毕竟银行不是刑侦机关，无法用更多的方法来进行调查"。交通银行四川省分行的有关人员表示，如果市民的身份证被不法分子盗用开卡，要第一时间找银行确认。如果不是自己开的卡，应该马上通知银行冻结该账户，防止损失扩大。之后，应该立即向公安机关报案，通过公安机关的监控系统，查明情况是否属实。若银行和公安机关都确认了该账户并非本人申办，那么，银行会联合公安机关对涉嫌信用卡诈骗的不法分子实施刑事责任追查。同时，银行会对受害者进行信用补救———根据银行、公安机关出具的证明材料，除去征信系统中的不良记录。此外，交通银行四川省分行的工作人员还提醒，市民遗失身份证等重要证件后，一定要在报纸等媒体上进行遗失公示，这不仅可以帮助市民规避被盗用证件的风险，还可以作为发生侵权行为后的重要证据。

　　类似的身份被盗案件，在美国也非常普遍。在美国，大多数的信用卡申请和批准是通过互联网和邮件进行的，申请人只要通过姓名、地址、驾驶执照号码、生日和社会保险号，就可以在线申请信用卡。信用卡公司取得有关信息后，通过网络在信用征信局取得个人信用，再通过信用风险管理的模型来评估信用卡申请人的风险，作出信用卡的审批。目前，最快的网络信用卡申请的审批时间只需要 5－6秒。这种便利也给新时代的梁上君子提供了很多的可乘之机。美国的银行和信用卡公司也投入了巨大的人力与物力来防止这类犯罪。

最近几年，美国的一个防止身份盗窃的创新，是个人身份信用记录确认系统。王蜀南最近在花旗银行申请美国航空公司里程信用卡，就见到过这样的个人身份确认系统。花旗银行的信用卡申请，可以完全在花旗银行的网页上进行。王蜀南在信用卡申请的网页上填写了姓名、地址、驾驶执照号码、生日和社会保险号等信息，点击了提交信用卡申请的按键之后，跳出了这样的网页："下面我们需要验证您的身份，请您回答下面的几个问题："

问题一：您在2007年购买过下面哪一种汽车？

A. 凌志 IS350

B. 奥迪 S4

C. 卡迪拉克 CTS

D. 宝马 335i

E. 以上都不对

问题二：您曾经在哪一个州取得过助学贷款？

A. 俄克拉何马州

B. 北卡罗来纳州

C. 加利福尼亚州

D. 伊利诺伊州

E. 以上都不对

在信用卡行业工作多年的王蜀南一看就发现，这是根据王蜀南的个人信用记录编写的一系列问题。美国的信用征信局按照王蜀南的信用记录，用电脑程序自动编写了这一系列的问题，来核实信用卡申请人的身份。这些问题涉及个人信用记录的详细情况，只有信用卡申请人本人才能回答。王蜀南曾经买过一辆宝马车，这辆宝马车的贷款是由宝马美国信贷公司提供的。在王蜀南的信用记录上就有这个汽车贷款的记录。这个记录包括所购买的汽车的品牌和型号的资料。王蜀南在伊利诺伊州的芝加哥大学读MBA的时候，曾经申请过美国联邦政府的助学贷款。这个助学贷款是联邦政府补贴的助学贷款，由伊利诺伊州学生贷款公司管理。这个学生贷款的记录也会在王蜀南的个人信用记录上出现。当花旗银行信用卡部得到王蜀南的信用卡申请以后，花旗银行需要联网到信用征信局验证王蜀南的身份。信用征信局就根据王蜀南的信用记录，通过计算机自动产生几个这样的只有王蜀南本人才能回答的问题。这样的身份验证的方法把假冒他人身份的可能性降低到最小。美国法律还规定，每个消费者每年都可以从美国的三大信用征信局免费取得自己的信用记录报告。联邦贸易委员会和消费者协会都建议每个人每年去查询自己的信用记录，确认信用记录上所有的信用卡和贷款记录都是消费者自己的。

个人信用记录是保证美国信用卡行业正常运行的最重要的一个组成部分。在信用卡和房贷按揭大发展的今天，个人信用记录系统也在中国国内很快建立起来了。作为具有先进档案制度和悠久档案管理历史的国家，中国在2006年1月建立了全国联网的信用征信记录体系。这个信用记录体系称为人民银行个人征信系统，全国联网运行，是一个全国统一的个人信用记录信息系统。中国的个人信用记录汇总了信用卡账户、房贷、车贷的还款情况等。最近，一些水电费付款记录也成为个人信用记录的内容之一。信用卡公司和其他金融机构可以使用个人信用记录，评估消费者的信用风险，决定有关的消费信贷的批准和发放。信用记录体系极大地提高了消费信贷的效率，方便了信用风险管理。然而，不论是中国的人民银行个人征信系统，还是美国的信用记录制度，任何信用记录里面的错误都会给消费者带来极大的麻烦。

王蜀南不知道国内的消费者对人民银行个人征信系统的态度如何。不过在美国，个人信用征信局常常处在一个很尴尬的地位。王蜀南在美国的三大个人信用征信局之一的环联信息公司工作过。王蜀南发现，没有比环联信息公司更加低调的公司了：这个公司一年的营业额超过10亿美元，位于高楼林立的芝加哥市中心。但是，公司总部却躲在一栋7层的矮楼里，楼门口和楼外面没有任何公司的标志。在芝加哥市中心，几乎很少有人知道环联信息公司的地址。环联信息公司的大门里面每时每刻都有几个保安站岗，公司雇员出入公司都必须刷卡通过，访客必须提前预约。后来王蜀南才听说一些"谣言"：因为美国很多人的信用记录不好，不能取得房贷、车贷，就怪罪信用征信局，所以公司也就不想太多人知道公司的总部在哪里；再说，美国很多人都拥有枪支……

而在中国，也有很多信用记录影响房贷按揭的例子。《沈阳日报》2009年4月就有过这样的一则报道：

2005年，陈先生办理了一张双币种信用卡，并刷卡消费2 000多元。次月13日，陈先生收到银行邮寄过来的对账单，打开一看，信用卡的到期还款日为7日，已经过了将近一周。陈先生到银行办理还款业务时，银行告诉陈先生，除了还上刷卡消费的2 000多元外，还要按照刷卡金额的万分之五按实际天数缴滞纳金。陈先生当时认为，是由于银行对账单邮寄出现了问题，才导致了逾期还款，因此银行不应征收滞纳金，双方为此争执不下。三个月后，陈先生无奈地还上了信用卡欠款并缴了滞纳金。但银行以陈先生信用卡逾期还款超过九十天为由，冻结了陈先生信用卡的人民币及美元账户。2007年，银行自动注销了陈先生的信用卡。直到2009年3月，陈先生买房申请房贷，结果贷款迟迟未审批下来。陈先生到银行一打听才知道，贷款经办银行在查询了陈先生的个人信用记录后，认为陈先生的信用情况，尤其是被银行冻结账户这一项，不符合该行的贷款条件，不能放贷。陈先生贷款经办银行的信贷审批人员告诉记者，在各家银行的放贷规则中，如果信用记录中有逾期还款行为，银行会酌情考虑放贷。而信用记录中一旦存在信用卡冻结、止付及呆账这三项，可以说是借贷人的"死穴"，不仅是该银行无法放贷，其他银行也不可能向陈先生发放贷款。此外，因存在不良信用记录，各家银行也不会向陈先生再发放信用卡。个人信用记录已经成为市民日常经济生活的重要部分，今后陈先生再与银行打交道时，可能"寸步难行"。不仅如此，部分用人单位也逐渐看重个人的信用品质，个人信用记录良好已经成为录用员工的标准。近来，不少读者向本报反映，在到银行办理各项贷款业务时，才知道个人信用记录存在污点，影响了贷款业务。本报提醒读者，在日常生活中，千万别"马大哈"，要及时归还信用卡欠款及房贷欠款，细心呵护个人信用。另外，如果您像陈先生一样，对个人已产生的不良信用记录存在不同意见，可向人民银行征信管理部门提出个人信用报告的异议申请。人民银行征信中心会将异议信息发放到报送机构进行协查，经核查确实有错误的，报送机构会报送更正信息，人民银行两日内将进行更正或对异议信息进行标注。

一个迟到的信用卡对账单，引发了这样大的麻烦，其严重程度堪比"一个馒头引发的血案"。所以，不要拿村长不当干部，也不要拿信用征信记录不当回事。信用征信记录和其他一切档案记录一样，有专政机构级别的强大力量，大家切切不要小看了其重要性！还是媒体说得好：要"细心呵护个人信用"。记者写下这样的金玉良言，让人觉得个人信用征信记录似乎是美女的柔嫩肌肤，一不小心经风吹雨打，就会受尽折磨有了皱纹，而没法从头再来。不过，无论美国的信用征信记录还是国内的信用征信记录，都是有一定时效的。比如美国的法律规定，美国的信用征信局会保存破产记录和账户注销记录十年，保存拖欠税金和严重信用问题记录七年。所以，如果有人不慎做了杨白劳，欠账不还，留下不良记录，要是躲债有术，躲过了十年，又是一条好汉。当然，大家可能等不到十年，就得申请按揭贷款买房子了。那么，如果信用记录有错误，就必须进行个人信用征信报告的异议申请。不过，这样的过程恐怕会比较冗长，一般的消费者是没有精力和知识去对付这样的专业程序的。

在美国，还有一个对付信用征信记录错误的途径，就是进行法律诉讼。2002年，个人信用征信局环联信息公司输掉了一个案子：环联信息公司因为把一位女士的信用征信记录和另外一个人的记录混淆，导致这位女士怎么也拿不到房贷。结果，联邦法院判决环联信息公司赔偿530万美元。国内的朋友没有这样的机会去诉讼人民银行的个人征信系统，取得赔偿，大家也没有耐心等上十年让信用记录自动洗白。那么，在新的信用卡消费者保护法规出台之前，我对广大消费者的建议，还是只有好好地"细心呵护个人信用"吧。

信用卡是个新事物，很多人不了解它的特性、成本和风险。如果说信用卡盗用和信用记录这些问题是特殊的情况，那么，过度刷卡消费，则在中美两国都非常普遍。王蜀南在北京上大学的小侄女倩倩告诉他一个新词——"卡奴"。在二十一世纪，信贷消费逐渐走进了中国老百姓的生活，造就了一批"负翁"，其中有"房奴"、"车奴"。而最新的也是最年轻的"负翁"是刷爆信用卡的"卡奴"。因为银行之间为了争夺市场份额竞争激烈，银行发行信用卡就如同跑马圈地。国内信用卡公司的发卡标准一降再降，很多发卡的基本要求诸如最低收入标准、信用记录，都被信用卡公司的营销人员所忽略。很多银行开始在没有收入的大学生中间推广信用卡，很多大学生都成了有卡阶层。不到20岁的小年轻，忽然有张可以随便用的信用卡，拿倩倩的话说就是："我看见那衣服好靓啊，当时没有现金，就刷卡买了……"结果，很多大学生成了刷卡无度、寅吃卯粮的"卡奴"。

如果说大学生、年轻人容易接受新鲜事物，成为信用卡的顾客，这和美国的信用卡公司在大学校园推广信用卡的前因后果一模一样；那么，王蜀南年近五十的表姐申请信用卡的经历，则更有中国特色。在一个政府机关工作的表姐说："其实我根本搞不清楚信用卡是干啥子用的，我们科长夫人在XX银行工作。因为她们每个人都有信用卡推广的指标，我们科长就动员我们科每个人去申请了一张卡。"填上一张表，复印一下身份证，不知信用卡为何物，也从来不刷卡的表姐就成了信用卡客户。过了几个月以后，表姐才发现"原来从来没有用过的信用卡还要收年费的！"

不过，王蜀南表姐损失的信用卡年费还不算最冤的，科长夫人和她家千金自己申请信用卡，导致后来房贷受阻的故事，才让人觉得是大水冲了龙王庙。一年前，科长夫人所在的XX银行，为了推广信用卡，给每个员工都规定了信用卡推广指标：支行里的每个员工都必须推广30张信用卡，否则当月奖金不保。科长夫人使尽了解数，找遍了亲戚老表、朋友同学，才推广了15张信用卡。还好，还是科长本人头脑灵活，给自己手下部属们打了一个招呼，全科一共十三个人，一下就又申请了13张信用卡。科长夫人完成了28张信用卡的推广指标，虽然很有成就感，但是对这剩下的两张卡的着落，却绞尽了脑汁：周围的熟人朋友都已经用篦子梳过了好几遍，再找不出一个信用卡的人选。眼看月底就要来了，正一筹莫展，最后姜还是老的辣，科长提醒说："这个信用卡推广没有说不包括直系亲属吧？也没有说一家人可以申请几张吧？要不然我和女儿一人申请一张？这不就够了？"这样，科长夫人终于保住了当月的奖金。

转眼到了2010年初，国内房地产热又达到了一个高潮。在银行工作的科长夫人，打算赶快把自家的资金再多投到房地产市场上一些。因为自己和丈夫名下已经有三套房子了，这回科长夫人觉得要让刚工作的女儿也出面买一套房子。家里的一部分资金还在股市上套牢，因此，科长夫人决定让女儿去申请房贷按揭。

因为外资银行的利率更优惠，所以科长夫人和女儿一起在汇丰银行申请按揭贷款。汇丰银行的客户经理服务彬彬有礼，效率也很高，很快就给了回音："对不起，按照我们银行的规定，我们不能批准这笔按揭贷款。因为您女儿的个人信用征信记录上有不良记录。"在科长夫人的催逼之下，客户经理回去把科长千金的个人信用征信记录打印出来。大家仔细地查看，发现科长千金居然有一张信用卡有欠款四个月的记录，而科长千金怎么也想不起来这是哪张卡。在汇丰银行的会客室沙发上，科长夫人开始埋怨女儿怎么地不懂事乱刷卡，如何不负责地欠款不还；科长千金也开始反唇辩解，说自己是如何地冤枉。最后，彬彬有礼的客户经理再也忍不住，出面制止了这场群雌粥粥："你们这样互相埋怨，还不如仔细看看，这倒是哪张信用卡。说不定是信用卡公司搞错了，你还可以试试找信用卡公司查证。"

科长夫人又拿过那份女儿的个人信用征信记录仔细查对，忽然有了新的发现："这个不是我们行的信用卡吗？"这一下提醒了科长千金："妈，我想起来了，这张卡不就是你们银行去年推广的卡吗？为了你的奖金，爸和我都申请了一张。"科长夫人再详细地研究个人信用征信记录上的信用卡拖欠内容，发现那笔欠款正好是这张信用卡的年费金额。在去年年底，XX银行信用卡部收取了一笔信用卡年费，直接记在那张信用卡账面余额上。到了月底，科长千金收到信用卡账单时，早把这张信用卡的事情抛在脑后，直接把账单扔进了垃圾桶。接下来几个月的信用卡账单也受到相同待遇。等到科长千金申请按揭贷款的时候，正好拖欠了信用卡年费四个月。按照银行规定，贷款拖欠九十天，即算作严重的不良信用记录。科长夫人推广的信用卡，居然一不小心，把自己女儿也套进了不良信用记录。

王蜀南听了这些趣闻，觉得中国的银行走向世界的脚步真是快，美国的银行有什么花招，中国的银行一点不落地都学过来了。国内银行不仅学习得快，而且还理论联系实际，有各种中国特色的创新，让信用卡发行有了山寨特色。不过，跑在前面的美国银行现在已经陷在金融危机里，岌岌可危；而中国的银行还如火如荼，搞得正欢。这样的情况很让人担心。

美国的信用卡行业一直存在很多不合理的乱收费和误导消费者的情况。奥巴马竞选的时候就把整顿信用卡行业作为竞选承诺。这个许诺让奥巴马得到了很多选票。奥巴马上台以后，出台了《信用卡责任义务和信息披露法》。这个法案详细地规定了很多信用卡和信用卡消费者保护的原则和具体实施办法，改变了美国信用卡行业的很多不合理和损害消费者利益的商业行为。

目前，国内还没有专门的信用卡消费者保护法律。《民法通则》、《合同法》、《刑法》、《中国人民银行法》、《商业银行法》等法律文件，对有关信用卡的案件审理作出了原则性的规定。《信用卡业务管理办法》、《关于惩治破坏金融秩序犯罪的决定》和《关于办理利用信用卡诈骗犯罪案件具体适用法律若干问题的解释》等政策，对信用卡行业的具体操作和制止信用卡犯罪作出了很多原则上的规定。不过，通观国内有关信用卡的法规，大多数侧重于打击犯罪分子：信用卡欺诈的惩罚可以高至无期徒刑。而在信用卡消费者保护方面，尤其是银行和消费者关系的处理上，现行法规着墨很少，消费者只有自求多福了。

当美国人欢呼奥巴马的新信用卡法律的时候，中国的银监会也终于出手。2009年8月25日，银监会发布了《关于进一步规范信用卡业务的通知》。多年以来，美国政府和立法机构放任信用卡公司折腾，搞出了9 700亿美元信用卡债务和巨大的坏账损失。直到新总统奥巴马上台后，才有了相关的立法出台。而中国的银行监督机构，能够在问题恶化之前就出手，显出了很好的眼光。中国的政治制度在这方面也显出了优势：采用银监会通知而不是人大立法的方式，使金融业监督机构有很强的灵活性。中国不必像美国一样在立法机构中扯皮、妥协、进行党派交易，就可以在很短的时间内有效地使政策出台，并且立即落实。更具有积极意义的是，银监会关于信用卡业务的通知，包含了很多的信用卡消费者保护的条款，这和奥巴马的信用卡法案有很多相同点：

◇ 在制止银行过度发放信用卡方面，规定"严禁对营销人员实施单一以发卡数量作为考核指标的激励机制"。

◇ 在对消费者解释信用卡的收费和风险方面，规定"在营销过程中必须履行必要的信息披露，营销人员必须充分告知申请人有关信用卡的收费政策、计罚息政策，积极提示所申请的信用卡产品的潜在风险，并请申请人确认已知晓和理解上述信息"。

◇ 在保护消费者个人信用信息方面，规定"银行业金融机构对本机构在发卡营销过程中获取的客户个人信息负有保护信息安全的义务"。

◇ 在取消不合理的费用方面，规定"持卡人激活信用卡前，银行业金融机构不得扣收任何费用"。

◇ 在处理在学生和未成年人中发放信用卡方面，规定"银行业金融机构应遵循审慎原则向学生发放信用卡。不得向未满18周岁的学生发放信用卡"。
◇ 在避免出现消费者刷卡超过还款能力方面，规定"银行业金融机构应对信用卡申请人资信水平和还款能力进行尽职调查，申请人应拥有固定工作，或稳定的收入来源，或提供可靠的还款保障"。

王蜀南觉得，这个通知是国内规范信用卡行业，保护信用卡消费者的一个新的里程碑。国内已有的有关信用卡的立法，大多是针对金融犯罪和保护银行的正常营业秩序。这个通知首次将保护信用卡消费者的利益放在重要的地位。这是个很了不起的进步，这也和美国信用卡立法的趋势一致。希望国内的立法机构和金融行业监督机构都能有这样的长远眼光，以建立可持续发展的、和谐的金融秩序为目标，以西方国家的金融危机为鉴，利用法律和政策的规范与杠杆，避免重蹈其他国家金融业走过的弯路和错误。

在个人信贷行业，我们常说的"有借有还，再借不难"就是一种和谐。如果要建立一个可持续发展的金融秩序，金融交易借贷的双方都必须有所受益。在个人和银行金融机构交易的过程中，双方的地位往往不是相等的。持有庞大资源、掌握充分信息的银行往往具有很大的优势。在这种信息不对称的交易中，个人往往处于劣势。消费者申请信用卡的时候，往往无法取得有关信用卡的充分信息，不能理性地做出合理的决定。当信用卡持卡人和银行、信用卡公司发生纠纷的时候，银行、信用卡公司可以使用其强大的资源，甚至动用政府的关系来解决纠纷。信用卡持卡人不可能对等地取得公正的解决。在美国历史上，信用卡的问题也是层出不穷。经过几十年，美国逐渐发展出一系列保证信用卡公平交易、制约信用卡公司不合理经营的社会准则和市场原则。

保护信用卡消费者的最重要的手段是政府立法。在与大公司大银行打交道的过程中，无论古今中外，消费者总是处于劣势。维护市场的自由和公平交易是西方政府的最重要的职责之一。由于大公司大银行总是处于绝对优势，处于劣势的消费者往往可以受到政府立法的保护。政府维护市场公平、杜绝暴利，一方面保护了消费者的正当利益；另一方面，也保证了市场正常运行和公司的长远发展。比如美国政府规定，信用卡消费者对信用卡欺诈和盗用的最高责任金额为50美元。这项规定极大地保护了美国信用卡消费者的利益。在另一方面，也极大地促进了信用卡的推广，让信用卡成为美国人日常消费的工具。

国内的法律目前还没有相关的保护信用卡消费者免受信用欺诈的条款。如果国内消费者的信用卡被盗，在挂失之前，信用卡持卡人几乎有无限的责任。这样的情况让很多的消费者不敢放心使用信用卡，甚至根本不敢申请信用卡。这样的规定在短期内虽然可以令信用卡持卡人承担全部的信用卡欺诈的损失，让银行、信用卡公司免受风险，但是，从长远来看，类似的信用卡使用的风险是制约信用卡行业发展的一个瓶颈。美国政府通过立法来解决了这个问题。当美国信用卡行业发展到一定阶段的时候，美国的信用卡公司本身也发现，只有让信用卡持卡人充分受到保护，不会因信用欺诈受到巨大影响的时候，信用卡才能大行其道。所以，几乎所有的美国高端信用卡都规定，信用卡持卡人对信用卡欺诈损失负零责任。美国在信用卡立法和信用卡消费者保护方面，历经几十年，才发展到目前的阶段。这样的消费者保护立法，是对市场长远发展的双赢的保证。中国信用卡的发展在几年内走过了美国几十年的历程。在信用卡消费者立法方面，真也希望有中国式的速度。

保证美国信用卡公平交易，也是保证美国市场公平交易的另一个重要的渠道，是美国的司法诉讼体系。美国联邦和地方法院在消费者保护方面，常常做出一些"杀一儆百"的判决。例如我们前面讲过的个人信用征信局环联信息公司输掉的案子：由于环联信息公司信用记录的错误，导致一位女士不能贷款买房。联邦法庭判决环联信息公司赔偿530万美元，而这位女士要买的房子价值不过70万美元。联邦法庭这样的惩罚性判决，为的是让处于优势地位的大公司意识到保护消费者利益的重要性。美国还有一种诉讼称为"集体共同诉讼"。在这样的诉讼中，一个律师团可以代表所有的消费者对公司进行诉讼。例如2009年的一个"集体共同诉讼"，起诉维萨卡和万事达卡对外汇信用卡交易汇率滥收费（Currency Conversion Fee Antitrust Litigation）。法庭判决所有在1996年到2006年之间在美国以外使用过维萨卡和万事达卡的美国信用卡持卡人，可以从维萨卡和万事达卡得到25美元，或者外汇刷卡交易额1%的赔偿。对于一般的信用卡消费者来说，自然不大可能为了25美元与维萨卡和万事达卡进行诉讼，然而，"集体共同诉讼"可以让有关的律师代表所有消费者进行诉讼。有了这样的法律和司法程序，消费者的利益，哪怕是25美元的利益，也可以在法庭诉讼上争取回来。

一个正常和健全的法制体系，对消费者保护和市场的成长至关重要。地球人都知道，建设法制社会是一个任重道远的目标。中国从改革开放开始，三十多年以来，一直在建设法制社会。上世纪七十年代、八十年代出生的婴儿，现在已经成长为人大代表、警察、法官、律师和诉讼双方的当事人。二十一世纪走过了第一个十年，我们还在建设法制社会的道路上孜孜不倦地前进着。建设法制社会这个任务是如此重要，看来我们需要付出几代人的努力了。

美国社会制约信用卡公司的另外一种力量，就是市场竞争。美国消费者的选择很多，这样就迫使银行和信用卡公司改进服务、提高效率。拥有选择是一种权利，也是一种奢侈品。我们往往说消费者会用脚投票。小到决定到哪家餐馆吃饭，大到出国还是海归，拥有选择让人生的质量有了不同。王蜀南还记得小时候在农村老家见到的大队代销店。这种上世纪七十年代的基础农村供销社日用品销售点，一共就只有不到三十种的商品：盐一毛五一斤，散装白酒一块钱一斤，水果糖一块钱一斤，酱油一毛八分一斤……大队支书的老婆是代销店经理，兼会计，兼出纳，兼店员。大家买个东西都得赔着笑脸，仿佛不是现金交易，而是来乞讨的。因为大家没有选择，方圆十里，就这一家商店。

按照经济学的解释，垄断产生暴利。处于垄断地位的大队代销店不能涨价，就只好长脾气了。直到今天，中国的有车一族跑出去两千里，不管国际石油是什么行情，还得找中石油、中石化加油，享受它们升易降难的价格。今天您不管用什么牌子的手机，都得上移动、联通的号。您觉得贵了，不乐意吧？对不起，仅此两家。因此，中国的信用卡消费者第一得感谢国家：国内有好多家信用卡公司。当这些信用卡公司竞争起来的时候，消费者就有福了。常常在网上也能看到一些隐含着人民群众智慧的打油诗："兴业要收费，爷去用工商；工商不优惠，爷改刷招商。"有竞争就有选择，有选择就有出路。当消费者有了选择，银行、信用卡公司为了市场份额和利润，自然会想方设法地改进服务，照顾消费者利益。

中国银行业经历了春秋五霸的攻城略地的年代，又迎来了信用卡行业战国七雄征伐不止的时代，三十多年走过了西方银行业三百年的历程。中国的信用卡在五六年内完成了美国信用卡五十年才完成的扩张。这种飞速的成长，令人惊喜，也伴随着痛苦。王蜀南记得自己在初二的那个暑假里，一下子长高了四厘米，声音也变得低沉。男孩子在青春期突然来临的时候充满了兴奋和恐慌，以及随之而来的满脸的青春痘和躁动，让人不知所措。今天，中国的信用卡业也像个青春期里的男孩子，有了迅速成长；而刚刚开始成熟的身体，还保留着半大孩子的心思，和一脸不好看的痘痘。随着时间的流逝，虽然会经历躁动和阵痛，中国信用卡行业最终也会成长壮大，成为与其他发达国家的金融行业一样的成熟行业。中国的信用卡消费者也会最终比较充分地了解使用信用卡的利弊，理性地使用信用卡。并且，如果我们能够好好地借鉴一下美国这样的金融帝国所走过的路，相信中国信用卡业和信用卡消费者，会少一些迅速成长的悸动和恐慌，多一些稳步发展的兴奋和理性。

后记

经历了十二个半小时的越洋飞行，王蜀南居然没有什么倦意，甚至还有点兴奋，因为这趟美国联合航空公司851次航班降落的地点，是北京首都机场。王蜀南还清楚地记得，自己十四年前离开北京的情景：首都机场一号航站楼的出境处拥挤得有点像火车站。王蜀南好容易排队办完了出境的一切手续，才发现自己还得拖着随身行李，去挤摆渡巴士，从航站楼一直开到机场另外一边，然后和众多的旅客一起，从舷梯一拥而上，挤上美国联合航空的波音747。十四年前，王蜀南从北京到东京，到芝加哥，一路上，不断有文化冲击（culture shock）。十四年后，王蜀南从芝加哥到北京，从美国回到中国，竟然也是一路不断的反向文化冲击（reverse culture shock）。

王蜀南发现，在美国的中国人，他们的思想和文化理念，常常停留在他们离开中国的那一年。王蜀南在美国读博士的时候，认识了一位八十年代出国的老留学生。这位前辈是美国 NBA 芝加哥公牛队的球迷。那时候的公牛队，还在乔丹的带领下霸占着 NBA 全美总冠军。每次遇到这位老前辈，不管王蜀南愿不愿意，前辈都会向王蜀南传授 NBA 知识。有一次，前辈向王蜀南解释 NBC 球队的所有权，一口一个芝加哥公牛队的东家怎样怎样，湖人队的东家又怎样怎样。王蜀南想了半天才反应过来：原来这位仁兄不是要说《半夜鸡叫》里面的地主东家和长工的故事，他要说的是公牛队的老板和湖人队的老板。因为这位前辈出国太早，在他的汉语词汇里，"老板"这个词还局限于资本家和杂货铺业主一类人物。当他要形容 NBA 球队的产权所有人时，就自然地用上了中国北方农村以前对地主的尊称。

　　王蜀南有时候觉得，自己是不是也定格在九十年代了呢？这次王蜀南回国，让自己在北京上大学的小侄女倩倩给定一个酒店。回国之前，王蜀南在电话上告诉小侄女："喂，是倩倩吧，这次叔叔回来，你先帮我定一个旅馆好不好？"王蜀南还没有说完，电话那边的小女生就格格地笑："叔叔，你不是要找海淀黄庄那种地下室小旅馆吧？您回来好歹也得住个星级酒店吧？"在王蜀南的汉语词汇里，"酒店"和"旅馆"是同一个东西，在英语里都叫 hotel。在王蜀南记忆里的二十世纪八九十年代的汉语中，"酒店"的定义是餐饮企业，而在如今的北京，"酒店"和"旅馆"虽然都是指提供旅客短期住宿的地方，然而，它们却不是同一类人居住的地方。经过小侄女的仔细解释，王蜀才知道，虽然一些海归在"海待"的过程中，也和其他北漂人员一样，在北京的形形色色的地下室小旅馆里吃盒饭熬日子，但像自己这样的美国高管,在北京应该定位为高端海归,该住酒店,而不是旅馆。听完小侄女的解释,王蜀南觉得自己好像有从乡下进城的感觉。

"各位驴客,我们即将降落被京国际机场……"美国联合航空公司的"空中大婶"的变调汉语,把王蜀南从回忆中拉回来。这是王蜀南第二次从北京首都机场三号航站楼入关。这次王蜀南有了经验,特意穿了一双合脚的新百伦运动鞋:首都机场三号航站楼实在太大了。上次王蜀南回来的时候,深知国内讲究衣着。虽然别人不一定会以貌取人,但最好还是不要给别人以貌取人的机会。众多美籍华人回到中国,都会作衣锦还乡状。王蜀南虽然还是华籍美人(怀揣中国护照外加美国绿卡),但是为了打破留美学人穿着土气的偏见,维护众海归们的光荣形象,还是有意打扮了一番。王蜀南读过小资经典——保罗·福塞的《格调》,知道一个男人的鞋最能暴露他的社会经济地位。因此,王蜀南把自己平时在面试工作时穿的哈特·马克斯西装装进了行李箱,临行前又特意买了一双凯尼斯·柯尔西装皮鞋。哪知道到北京下了飞机,出了机舱,走出甬道,迎面看见一个牌子:"从此处到行李提取处,步行15分钟。"之后的十五分钟,王蜀南对北京机场这个世界第一大航站楼,有了直观的认识:穿着新鞋的王蜀南走得脚快起了泡!

有了前车之鉴的王蜀南这次特意穿上了运动鞋。虽然在机场航站楼里走路的时间也很长,但是入关的效率却很高。王蜀南享受了中国公民入关的优惠,很快办理了入境手续,提取了行李。王蜀南推着行李,刚刚出了海关,就听见老同学李博恪的声音:"嘿,这儿呢!"王蜀南看见李博恪站在接机的人群里,穿着一身笔挺的黑西装,大概是胡戈·波士牌的,显得与众不同。不过这次见到的李博恪，比上次还要低调点。上次回国的时候，李博恪被一群下属、秘书和司机簇拥着。女秘书一上来就用牛津英语介绍："This is our CEO, Blog Lee ……"弄得王蜀南反应了半天，才把博恪·李首席执行官和大学睡自己上铺的那位兄弟联系起来。王蜀南大步过去，和老朋友握手，不忘调侃他几句："哥们，你这一身黑西装，要是放新宿去，人家肯定以为是混暴力团的。"李博恪哈哈一笑："我这也是没办法。前一阵换了辆宝马750Li，结果我开车出去，因为我平时穿衣服太随便，人家老以为我是司机。每次到外面去见客户，人家都直奔后座去开门，把我给撂一边了。这不，现在就改穿波士西装了，好歹不会被人当成司机。"王蜀南笑道："都怪你发财太早。人没有见过这么年轻的老总，老是想到后座上去搀扶个把超重的老头儿什么的。"

李博恪的宝马750Li确实平稳安静，王蜀南坐在里面，顿时与高速路上嘈杂喧嚣的车流隔绝开来。不过，在北京拥堵的车流中，王蜀南还没有机会体会宝马750Li那浑厚的马力和惊人的加速度。然而，和老朋友一起聊天，堵车也不觉得烦躁。李博恪说："想想你们当年到美国去，像是土老帽进城去见世面。你现在回北京了，我可得带你在北京见见世面。我常常在中美之间跑，发现凡是美国有的，我们都有；美国没有的，我们也有。"

王蜀南答到："可不是吗，以前从北京到芝加哥，觉得美国的什么东西都大一号。现在可好了，北京建设得比美国还大一个数量级，现在郊区都搞到河北去了。赶明儿，还不得和天津合并了。"

李博恪问："你还在那家美国信用卡公司？干嘛不回来干啊？现在在北京大伙儿都使信用卡了。"

"哈哈，这个也得要看有什么机会吧。"王蜀南打个哈哈，回避着要不要海归的问题。

李博恪道:"给你看看我的招行白金卡。就是你们说的Platinum卡。20万的信用透支额度。"

说到信用卡,王蜀南有了兴趣:"我听说国内的信用卡都是要年费的。你这个年费是多少啊?"

"这个啊,本来要3 600元的年费,我这个免年费。"

"真的?"王蜀南惊异道,难道中国的信用卡公司也开始像美国信用卡公司一样,因为竞争,不得不向消费者让利了?

李博恪说:"在招行存款50万以上的就可以免年费。"

原来免费的白金卡不是人人可以拿到的,不像美国的花旗白金卡,王蜀南在读研究生上学的时候就有了两张,拿国内的标准,那应该改叫花旗白菜卡。"看来这个白金卡在国内还真是个身份的象征啊。"王蜀南感叹道。

李博恪不屑地说:"不会吧?现在只要月收入几万的人,都可以申请到白金卡。你还记得我们班的老卢吧?就是我们班同学中最有钱的那位。人家现在用的是无限卡,根本没有信用额度限制,想透支多少就透支多少。"

"那不是和美国运通的黑卡差不多了?就是那个007用的信用卡。"

"对啊,这个无限卡不是人人可以申请的,要招行对贵宾专门邀请才行。每年一万块年费。不过我们卢总可不用交年费。"

"难道老卢在招行也有关系?"

"不是,要是你在招行有理财项目超过500万,人家照样可以免年费。赶明儿咱也去申请一个。"

王蜀南笑道:"那可是你们高尚成功人士的东东,我们美国郊区菜农可玩不起。"

　　宝马750Li在看不见头尾的车流中缓缓行驶着,经过一片高技术开发区。路两边是望不到边的楼群。李博恪指着外面一家接一家的公司,说:"蜀南,你记得这一片地方吗?我们上大学的时候,这里还是海淀郊区的一片菜地。我们曾经经过这里,从北大骑自行车到昌平十三陵去玩。"王蜀南看着余晖中的车流和一栋栋玻璃外墙的公司总部,怎么也想不起曾经骑自行车经过的菜地是什么样子了。忽然间,王蜀南想到,这片五环外的开发区,十几年前也和中国的信用卡一样,一片空白。才过了十几年,自己已经根本认不出当年的样子了。不知道十年以后,这片生机蓬勃的开发区会是怎样?中国的信用卡业又会是怎样?

　　宝马750Li在黄昏中汇入看不见头尾的车队,慢慢消失在一片红色尾灯的洪流中……